탄탄한
취업력

탄탄한 취업력

취업준비생이 진짜 알아야 할 핵심을 담다

주현석 지음

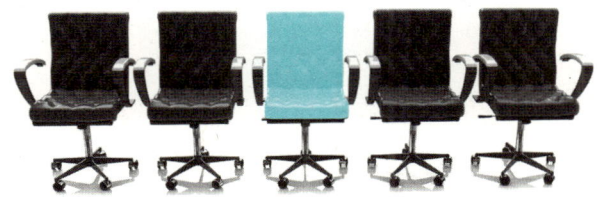

탐나는책

'취업준비생'에게 하고 싶은 진짜 이야기

나는 학창 시절 '스타크래프트'에 미쳐 있었다. 함께 게임을 즐기던 친구들에게 "게임 실력으로 대학을 갈 수 있으면 좋겠다"고 말할 정도였다. 대학이든 취업이든 '스타크래프트' 실력을 통해 평가받고 싶었다. 당시에는 우스갯소리로 내뱉었지만, 3군데의 대기업을 경험하고 그 바람을 곱씹어봤다. 찻잔 속의 태풍 같은 울림이 아닌, 가슴을 뛰게 만드는 소망이었다. '스타크래프트처럼 재밌게 할 수 있는 일을 해야 한다.' 취업 전에 반드시 기억해야 할 다짐이었다.

'4차 산업혁명시대'에는 미래를 예측하며 취업전략을 세워야 한다. 2013년 옥스퍼드 마틴스쿨의 칼 베네딕트 프레이 교수와 마이클 오스본 교수는 〈고용의 미래〉라는 보고서를 발표해 향후 10~20년 사이에 사라질 직업을 선정했다. 텔레마케터, 세무대리인, 보험조정인, 부동산업자 등 많은 직업이 거론됐다. 보고서는 자동화로 인해 현존하는 직업의 약 47%가 사라질 것으로 전망했다.

현재 대한민국은 극심한 취업난을 겪고 있다. 통계청 발표에 의하면, 2017년 4월 청년실업률은 11.2%로 역대 최고치를 기록했다. 취업 자체가 힘들다 보니 많은 사람들이 '묻지 마 지원'을 반복한다. 이런 상황에서 취업준비생이 입사 5년, 10년 뒤의 미래를 계획한다는 것은 상상조차 할 수 없는 것이다.

내가 취업준비생이었던 시절에도 취업은 힘들었다. 졸업 후에도 취업하지 못한 사람들이 많았다. 대기업이나 금융권에 합격한 동기도 거의 없었다. 나 역시 취업난이라는 긴 터널에서 벗어나고 싶은 마음이 간절했다. 다행히 졸업하기 전 한 금융권에 합격했다. 하지만 입사한 지 3개월도 안 되었을 때 퇴사를 하고 싶다는 생각이 들었다. 회사를 위해 뭐든지 할 수 있을 것 같은 마음은 사라진 지 오래였다. 나뿐 아니라 주변의 많은 사람들이 가슴속에 사표를 품고 있었다. 내가 어떤 일을 원하는지, 왜 일을 하는지에 대한 진지한 고민이 필요했다. 입사 전에 해야 할 고민들이었지만, 그런 것들에 관해 내게 말해준 사람은 아무도 없었다.

취업준비생 시절 진로 선택의 우선순위는 연봉이었다. 초봉이 높은 회사에 취업하고 싶었다. 그것이 금융권을 목표로 하게 된 이유였다. '과연 내 적성에 맞을까? 내가 잘할 수 있을까?' 마음의 소리가 끊임없이 들려왔지만 취업만 되면 모든 것을 감당할 수 있다고 생각했다. 그러나 기업에서 맡은 직무는 보유한 스펙과 아무런 연관성이 없었다. 어느 순간 허무함이 몰려왔고, 고통을 참아가며 투자한 시간들이 아깝다는 생각이 들었다. 회사에서 비전을 찾지 못한 채 1년을 낭비했다. 평소 친하게 지내는 같은 업종의 선배에게 상담요청을 했다. 선배는 한참 후배였던 내게 진솔한 이야기를 해주었다.

"나도 고민 많이 했지. 우물쭈물하다 시간만 지나가버렸어. 결혼하고 자식까지 생기면 퇴사하기 더 힘들어진다. 내가 만약 너라면 뒤도 돌아보지 않고 퇴사할 거야. 형도 이 생활을 언제까지 할 것 같니? 40대 중반도 넘기기 힘들다고 보면 돼. 명심해라. 지금 겪는 고통은 아무것도 아니야. 앞으로는 더 힘들어질 수 있어. 미안하다. 선배인데 이런 이야기밖에 해줄 수가 없어서……."

선배의 조언은 가슴에 바늘처럼 박혔다. 회사 연차가 쌓이고 결혼 후 자식이 생긴 지금은 더더욱 와닿는 말이었다. 나는 첫 직장에서 퇴사 후 10개월이 지나서야 재취업을 할 수 있었다. 취업을 위해 어쩔 수 없이 경력을 인정받을 수 있는 회사에 지원했다. 나는 30대에 3군데의 대기업을 경험하며, 다양한 분야의 사람들을 만날 수 있었다. 그들과 대화하며 많은 사람들이 직장 때문에 고민한다는 것을 알았다. 자신이 하는 일이 적성이라고 생각하는 사람은 단 한 명도 볼 수 없었다.

직장을 옮겨가며 한 가지 알게 된 무서운 사실이 있다. 대기업에 입사할 정도로 똑똑한 사람들도 비슷한 고민을 한다는 것이다. '나의 적성은 분명 다른 곳에 있을 거야. 언젠가는 그 일을 해야지!'라고 생각한다. 하지만 행동으로 옮기는 사람은 극히 드물다. 직장인들은 대부분 월요병에 시달리며 인간관계로 힘들어 한다. 그만두고 싶어도 퇴사할 용기는 없다. 생계 때문에 어쩔 수 없이 다니는 사람도 많다. 그들은 입사 전으로 되돌아간다면 다른 길을 가고 싶다고 말한다.

나를 비롯해 수많은 사람들이 하는 고민을 입사 전에는 왜 못했을까? 이와 관련해서 나는 끊임없이 질문하고 진지하게 고민했다. 사람들과 대화하며 답을 찾으려고 몸부림쳤다. 스스로 답을 찾고 정리를 해가는 과정에서 문득 이런 생각이 들었다. '내가 겪은 시행착오를 다른 사람들은 겪지 않게 할 수는 없을까?' 오랫동안 고민한 결과 나만의 결론을 내릴 수 있었다. 취업전쟁 시대를 사는 취업준비생과 매일 고통 속에 출근하는 직장인들에게 희망의 메시지를 보내고 싶어졌다. 대부분의 취업 관련 책들은 합격을 위한 기술을 알려주지만 우리가 명심해야 할 것은 책에서 소개하는 취업기술이 항상 통한다는 확실한 근거가 없다는 것이다. 이를 보완하기 위해 자신의 상담사례가 자주 나온다. '당신도 내가 가르쳐 주는 방법대로만 따라 하면 취업할 수 있다'라는 뜻이다. 자신이 코칭했던 학생이 취업 후 얼마나 괴로워하는지에 대한 내용은 없다.

취업은 단순히 합격만 해서 끝나는 것이 아니다. 취업 후가 진정한 시작이다. 취업시장보다 힘든 생존서바이벌이 시작되는 것이다. 직장이라는 냉혹한 정글에 모든 사람이 적응하며 살아남는 것은 아니다. 실제로 신입사원 10명 중 6명이 입사 후 3년 이내에 퇴사를 한다고 한다. 퇴사에 대한 고민은 모든 직장인이 한다고 보면 된다. 어설픈 취업은 퇴사의 지름길이다. 회사를 나오면 더 이상 직장인이 아니다. 취업 준비를 위해 다시 시간과 노력을 투자해야 하는 취업준비생이다.

취업에 정답은 없지만, 후회와 고민을 최대한 줄일 수 있는 방법은 없을까? 나는 끊임없이 생각했다. 교사, 공기업, 공무원, 대기업, 자영업, 대학생 등 다양한 분야의 사람들을 만나 무슨 고민을 하고, 무엇을 원하는지 파악했다. 이 과정에서 성공적인 취업을 통해 자신이 원하는 일을 하고 있는 사람들도 만나게 됐다. 행복한 취업을 위해 꼭 SKY(서울대학교, 고려대학교, 연세대학교)를 나오지 않아도 된다는 것을 깨달았다. 취업고수들의 사례를 연구하며, 그들만의 법칙을 발견했다.

이 책에서는 보통 스펙을 지닌 평범한 사람들의 성공적인 취업을 위한 내용을 정리했다. 자신이 진정 원하는 일을 할 수 있는 용기를 주기 위해 노력했다. 취업준비는 단순한 노력만으로 부족하다는 것을 깨달았기에 올바른 취업준비가 무엇인지 제시하고, 나아가 행복한 '내일'을 위한 내 '일'을 찾는 데 도움을 줄 수 있는 내용으로 구성했다.

1장에서는 취업을 준비할 때 고려해야 할 우선순위를 정리했다. 취업이 안 되는 근본적인 이유에 대해 분석하며 성공적인 취업을 위해 지금의 나를 돌아보는 시간을 가져보게 했다.

2장에서는 회사가 선호하는 취업고수들의 특징에 대해 알아본다. 그들과 비교하며 내게 부족한 점과 강화해야 할 점들을 알고 진로선택의 중요성과 퍼스널 브랜드를 만드는 방향성에 대해 살펴보고자 했다.

3장에서는 취업준비 기간을 단축시킬 수 있는 효율적인 취업전략에 대해 공부한다. 또한 지금의 조건에서 바로 실천할 수 있는 취업의 7가지 기술에 대해 알아본다. 자신의 꿈에 가까이 다가가기 위해 실천해야 할 것이 무엇인지 알 수 있을 것이다.

4장에서는 채용과정의 최종관문인 면접에 대해 공부한다. 면접을 이해하는 것이 합격의 지름길이다. 효율적인 면접 준비를 통해 불안을 떨쳐내는 방법과 합격당락이 결정되는 법칙이 무엇인지 알아본다.

취업준비생에게 가장 필요한 것은 용기이다. 후회를 최소화하고, 행복한 취업을 위해 포기할 수 있는 결단이 필요하다. 5장에서는 3군데의 대기업을 경험하며 끊임없이 해왔던 물음에 대한 해답을 제시한다.

이 책에서는 단순한 취업의 기술과 방법론적인 내용을 담지 않았다. 다양한 분야에서 현재 종사하는 사람들과 의견을 나누며 생각을 발전시켰다. 이론과 현실의 괴리감을 좁혀가며 실전전략으로 다듬었다. 바야흐로 '4차 산업혁명'의 시대다. 더 이상 수학처럼 딱 떨어지는 답이나 모든 상황을 해결할 수 있는 솔루션을 기대하는 것은 어리석은 일이다. 다만, 취업준비생이든 직장인이든 이 책을 읽어가며 자신을 발견했으면 한다. 어떤 선택을 할지는 당신의 몫이다. 겨울이 혹독할수록 봄은 가까이 온 것이다. 이 책을 보는 당신에게 진정한 봄이 오길 바란다.

차례

프롤로그 '취업준비생'에게 하고 싶은 진짜 이야기

1장
취업이 안 되는 진짜 이유

01	일방통행식 취업준비는 이제 그만!	15
02	당신에게 맞는 일은 따로 있다	21
03	취업, 잘못 준비하고 있진 않은가?	27
04	지금의 조건에서 취업하는 3가지 비결	33
05	취업의 목적을 생각하라	37
06	취업은 속도보다 방향이다	43
07	나만의 강점으로 승부하라	49
08	절대 요행을 바라지 마라	54

2장 회사가 뽑는 인재는 뭐가 다를까?

01 취업고수들의 1% 비밀 ······ 61
02 회사가 뽑는 인재는 뭐가 다를까? ······ 66
03 취업, 제대로 이해하고 준비하라 ······ 72
04 인생의 확실한 비전을 세워라 ······ 77
05 연봉만을 바라보며 취업하지 않는다 ······ 83
06 회사의 입장에서 생각하라 ······ 88
07 자신의 브랜딩에 과감히 투자하라 ······ 93
08 취업은 자신감이다 ······ 98

3장 취업준비 기간을 단축시키는 7가지 취업의 기술

01 취업 목표를 정하는 것이 우선이다 ······ 105
02 자신의 적성을 찾아 취업하라 ······ 111
03 나만의 취업 로드맵을 만들어 보자 ······ 117
04 서류 합격률을 10배로 올리는 자기소개서 작성요령 ······ 123
05 스펙에 가치와 스토리를 더하라 ······ 130
06 취업 성공을 위한 이미지 메이킹을 하라 ······ 136
07 경쟁자를 이기는 나만의 브랜딩 기법 ······ 142

4장
면접관을 미래의 상사라고 생각하라

- **01** 면접의 목적을 생각하라 ········· 149
- **02** 면접관을 사로잡는 1분 스피치를 하라 ········· 154
- **03** 스펙을 이기는 면접의 기술은 따로 있다 ········· 158
- **04** 면접에 반드시 나오는 질문 8가지 ········· 164
- **05** 면접관을 내 편으로 만들어라 ········· 172
- **06** 나만의 스토리로 면접관을 집중시켜라 ········· 177
- **07** 면접관을 미래의 상사라고 생각하라 ········· 182

5장
대한민국에서 '취준생'으로 산다는 것

- **01** 대한민국에서 '취준생'으로 산다는 것 ········· 189
- **02** 취업보다 먼저 '내 일'을 찾아라 ········· 195
- **03** 어설픈 취업컨설팅을 피하라 ········· 201
- **04** 포기하면 오히려 행복해진다 ········· 206
- **05** 3군데의 대기업에서 근무하며 느낀 것들 ········· 211
- **06** 첫 직장이 10년을 결정한다 ········· 215
- **07** 10년 직장이 아닌 평생 직업을 찾아라 ········· 220

1장
취업이 안 되는 진짜 이유

01

일방통행식 취업준비는
이제 그만!

'취업만 할 수 있다면 영혼이라도 팔겠다', '지방대라서 서류에서부터 떨어지는 것 같다', '여자라서, 문과라서 취업에 너무 불리하다', '가족과 친지들이 모이는 명절에 집에 있는 것을 꺼리게 된다' 등등 취업사이트와 언론에서 흔히 접할 수 있는 글들이다. 사기업 고용불안으로 2017년 9급 국가공무원 공채시험에는 17만 명이 넘게 응시했다. 역대 최다 응시인원이다. 취업문은 점점 더 좁아지고 있다. 사상 최악의 청년실업률이라는 말을 방송, 신문에서 쉽게 접할 수 있다.

지난 여름, 서울 종로구 글로벌센터에서 한 세미나가 열렸다. 이날 청년희망재단의 의뢰를 받은 숙명여대 연구팀은 '청년 삶의 질'이라는 주제로 실시한 설문조사의 결과를 발표했다. 만 19~34세에 해당하는 1,578명 가운데 82.2%의 청년들이 직장을 선택할 때 가장 우선순위를 급여 수준으로 답했다.

이 결과를 두고 한번 이야기해 보자. 대기업 평균 연봉이 중소기업 평균 연봉보다 대체적으로 높다는 것에 큰 이견은 없을 것이다. 상황이 이렇다 보니 취업준비생들은 중소기업보다 대기업을 선호한다. 당연히 기업 브랜드가 유명할수록 경쟁률도 높다. 대기업에 입사하려면 100대 1의 경쟁률을 뚫어야 한다. 100명 중 1등만이 살아남는 취업전쟁시대이다. 이런 현실에 사는 취업준비생 중 직무에 관해 진지한 고민을 할 수 있는 사람이 몇이나 될까? 대부분의 취업준비생들은 취업 후 마주해야 할 현실에 대해 고민할 여유 따윈 없을 것이다. 하지만 일방통행식의 취업준비를 하며 회사의 브랜드나 연봉만 보고 '묻지 마 지원'을 하는 것은 대변이 급하다고 휴지 없이 화장실에 들어가는 것과 마찬가지다.

내가 금융권 W사에서 최종면접을 볼 때의 일이다. 면접대기 시간이 길어져서 긴장도 풀 겸 옆에 있는 사람과 잠깐 이야기를 나눴다. 그 지원자는 나보다 2살이 더 많았는데 졸업 후 2년 가까이 취업하지 못해 절박한 모습이었다. 대기업, 중견기업 할 것 없이 100군데가 넘는 회사에 지원했으나 전부 떨어졌다고 했다. 우리는 함께 임원면접을 봤고 그 사람은 면접관의 질문에 영혼 없는 대답을 반복했다. 연이은 탈락에 자신감을 잃은 듯했다. 며칠 후 나는 다른 회사에 최종합격했고 W사에 연락해 입사를 포기했다. 최종면접은 3명 중 1명이 합격하는 경쟁률이었다. 내가 포기함으로써 합격률이 33%에서 50%가 되었다. 나중에 최종 합격자를 알게 됐는데 나랑 대화를 나눴던 지원자는 안타깝게도 탈락하고 말았다.

  무조건 많은 곳에 지원하는 것도 쓸데없이 에너지를 낭비하는 것이다. 100군데에 떨어지면 자존감이 무너질 수밖에 없다. 중구난방식 지원이나 취업준비 기간을 단순 스펙 쌓기로 보내지 않기를 바란다. 대부분의 취업준비생들은 토익, 자격증, 인턴 등의 스펙을 쌓는다. 물론 이런 준비들이 취업에 도움은 된다. 기업에서 제시하는 기본적인 조건은 당연히 갖추어야 하고, 가산점을 받을 수도 있기 때문이다. 예를 들어 채용필수 조건에 토익 700점, 한국사 2급 등이 있다면 반드시 갖추어야 한다. 하지만 서류합격이 되었다고 바로 입사가 되는 것이 아니다. 최종관문인 면접을 통과해야 한다. 면접장은 전쟁터와 같다. 합격이라는 공통된 목표를 위해 총성 없는 전쟁이 펼쳐진다. 취업전쟁에서 승리하는 비결은 자신만의 브랜드와 스토리를 갖는 것이다. 본인만의 브랜드와 스토리를 갖추지 못한 채 스펙만 쌓는 것은 어리석은 일이다.

  뒷장에서 자세히 소개하겠지만 나만의 브랜드와 스토리에는 힘이 있다. 내가 직접 경험한 것은 공부로 알게 되는 것이 아니다. 그게 바로 당신만의 강점이 되는 것이다. 특별한 경험이 아닌 사소한 경험이라도 나만의 스토리가 될 수 있다.

  대부분의 취업준비생들이 흔히 면접을 보러 가기 전 기출 질문을 검색한다. 당신이 검색해서 쉽게 얻은 자료는 경쟁자들도 마찬가지로 얻을 수 있는 것들이다. 물론 암기라도 해서 대답하는 것이 답변을 못하는 것보다는 나을 수 있다. 또 막연한 불안감과 걱정으로 면접컨설팅을 받는 경우도 있다. 그러나 내 경험과 주변 사례들을 봤을 때 면접 준비를 많이 한다고 합격하는 것은 아니다. 준비를 하지 않았다고 떨어지는 것도 아니다. 나는 면접만 한 달을 준비한 회사에서 떨어진 경험이 있다. 반면 면접 준비를 하지 않은 여러 회사에 합격했다.

취업난에도 불구하고 여러 대기업에 합격해 자신이 직장을 선택해서 가는 사람들이 있다. 그들에게 물어보라. 면접 준비를 정말 열심히 했는지 말이다. 면접을 위한 별도의 준비보다는 평소 사람들과 소통을 잘하는 것이 더 큰 도움이 된다고 말할 것이다.

빌 게이츠의 TED 강연 일화를 소개한다. 당시 말라리아로 1년에 약 100만 명이 목숨을 잃을 때였다. 말라리아는 모기를 통해 전염된다. 빌 게이츠는 사람들에게 그것의 심각성을 알리고 싶었다. TED 강연은 통계자료, 표, 데이터, 피해사례 등을 소개하는 것이 일반적이지만, 빌 게이츠는 다른 방법을 사용하며 청중들과 소통했다. 사람들 앞에서 모기를 푼 것이다. "말라리아는 모기를 통해 전염되는데, 여러분들이 경험할 수 있도록 지금 여기에 몇 마리를 풀어보겠습니다." 빌 게이츠는 사람들이 밀집해 있는 강연장이라는 폐쇄된 장소에 유리병에 들어 있던 모기를 풀었다. 이 강연은 시작 5분 만에 사람들의 관심을 끈 것은 물론 언론에서도 대서특필했다.

  이런 소통과 설득은 채용과정에서도 필요하다. 한 보험회사에서 PT면접을 볼 때였다. 각자 원하는 주제를 선정하고, PPT를 작성해 발표하는 방식이었는데, 시간관계상 6명 중 희망자 2명만 발표를 할 수 있다고 했다. 면접관이 희망하는 사람은 손을 들어보라고 하자, 나를 포함해서 2명만이 바로 손을 들고 나머지 4명은 뒤늦게 들었다. 당연히 먼저 손을 든 2명이 발표를 할 수 있었다. 나는 '투자'라는 키워드를 선택하고 '해외부동산'이라는 주제로 발표를 했다. 자연스럽게 나만의 브랜드를 보여줄 수 있었고, 질문을 받고 답을 하는 과정에서 면접관들과 소통하며 '나'라는 상품을 사게끔 설득할 수 있었다. 결과는 당연히 합격이었다. 만약 뒤늦게 손을 들었다면 발표의 기회를 얻지 못하고 합격을 장담하기 힘들었을 것이다. 면접관들과 소통하며 설득하고자 하는 노력이 합격의 가능성을 높였다고 확신한다.

  하지만 면접관들과 소통하고자 무리하지는 말자. 역효과를 불러올 수도 있다. 대기업 M사에서 최종면접을 볼 때였다. 면접장에 일자로 줄을 지어 들어갔는데 내 바로 앞의 지원자가 들어가자마자 면접관들에게 개인적으로 준비해온 출력물을 나눠주었다. 대기업의 최종면접은 CEO 및 임원들이 본다. 기업마다 차이는 있겠지만 임원면접에서 튀는 것은 결코 좋지 않다. 한 임원은 그 출력물을 받자마자 되돌려주며 말했다.

  "이런 것들은 받지 않겠습니다. 다른 지원자들도 어필하고 싶지만 참는 것이니까요. 한 명의 지원자에게만 이런 걸 받게 된다면 불공평하겠죠?"

준비해온 회심의 카드가 통하지 않자 지원자는 당황했다. 자신의 실수를 만회하기 위해 면접 동안 몸부림을 쳤다. 한 면접관이 S사의 채용연계 인턴 경력을 보며 정규직으로 전환이 되지 않은 이유에 대해서 질문했다. 그 지원자는 본인을 떨어뜨렸던 회사를 신랄하게 비판했다. 토익점수가 없는 점에 대해서도 유학경험이 있기 때문에 토익 같은 것은 필요 없다고 했다. 외국에 얼마나 오래 있었냐는 면접관 질문에는 4개월이라고 답했다. 예상대로 그 지원자는 합격하지 못했다.

취업은 절대 일방통행식의 준비로 되는 것이 아니다. 본인만의 브랜드와 스토리를 만들어 소통과 설득을 해야 한다. 나만의 브랜드가 만들어지지 않았다는 것은 일하고 싶은 분야나 회사가 명확하지 않다는 것이다. 입사 후 1년 안에 퇴사를 하거나 이직을 고민하는 사람들이 많다. 이야기를 해보면 일방통행식 취업준비를 했다는 것을 알 수 있다. 뚜렷한 목표 없이 일방통행식으로 남발하는 지원서는 운 좋게 취업이 된다 하더라도 빠른 퇴사의 지름길이다. 시간과 기회를 낭비해 재취업준비생이 되는 것이다.

02

당신에게 맞는 일은 따로 있다

 바늘구멍을 뚫는 듯한 취업난에 대학생들이 희망하는 연봉은 얼마일까? 2017년 10월, 한국경제연구원이 5,272명의 대학생과 졸업생을 대상으로 실시한 조사에 의하면, 이들의 평균 희망연봉은 3,415만 원이었다. 그럼 현실은 어떨까? 한 취업포털 사이트에서 조사한 2018년 신입사원 평균연봉은 2,464만 원으로 집계됐다. 기업형태별로 살펴보면 대기업은 3,174만 원, 중소기업은 2,394만 원으로 대기업이 중소기업보다 약 33% 높았다. 이런 이유에서일까? 희망기업을 물어보면 대부분의 취업준비생은 최소 중견기업 이상을 희망한다. 나는 2군데 이상의 기업에 합격한 사람들 가운데 공기업, 대기업, 금융권을 포기하고 중소기업으로 간 경우를 단 한 번도 보지 못했다. 같은 대기업에 합격해도 규모가 더 큰 회사를 선택하는 추세이니 말이다.

높은 연봉과 복지가 보장되는 대기업 및 금융권의 경쟁률을 살펴보자. 대기업의 경우 너무 많은 지원자가 몰려 서류전형에 기본적인 필터링이 존재한다는 것은 알고 있을 것이다. 내가 입사했던 회사는 40명 모집에 5,000명이 지원해 125대 1의 경쟁률을 기록했다.

내가 가고 싶은 기업은 다른 사람에게도 마찬가지이다. 사람들이 몰리고 경쟁률은 쑥쑥 올라간다. 실력과 운이 더불어 받쳐줄 때 가능한 것이 취업이다.

취업시장은 대부분 레드오션이다. 중견, 중소기업의 지원자들은 대기업과 비교하면 상대적으로 적지만, 그만큼 선발인원도 적어 경쟁률은 역시 만만치 않다. 취업전쟁에 있어 블루오션은 어디에 있는 것일까? 싸우지 않고 이기는 것이 가장 훌륭한 승리라고 하지만 취업전쟁에서는 경쟁 없이 승리하기가 거의 불가능하다. 다만 철저한 준비를 통해 이미 이긴 싸움을 할 수는 있다. 내가 강점을 지니고 경쟁력을 나타낼 수 있는 분야를 찾은 다음 승리의 가능성을 높여보자.

4차 산업혁명을 다룬 《필립 코틀러의 마켓 4.0》에서는 새로운 마켓 트렌드와 디지털 시대에 여러 가지 솔루션을 제안한다. 브랜드에 관한 내용을 다루는데 기술을 바탕으로 하는 상호작용 속에서 살아가는 디지털 시대라도 가장 매력적인 브랜드는 인간적인 브랜드라는 것이 핵심이다. 대한민국 취업준비생 입장에서 인간적인 브랜드는 무엇일까? 한 단계 더 나아가 4차 산업혁명 시대에서 남들과 차별화되는 퍼스널 브랜딩을 위해 가장 먼저 해야 할 일은 무엇일까?

 퍼스널 브랜딩을 위한 첫걸음으로 자기분석을 해보자. 자기분석에는 크게 2가지 유형이 있다. 성격과 적성이다. 먼저 성격분석을 해보자. 대한민국에서 유명한 성격분석으로는 혈액형을 꼽을 수 있다. 가장 대중적이지만 다양한 사람들을 4가지 유형으로 정하기에는 무리가 있다. 내가 소개할 것은 MBTI 성격유형검사이다. 외향-내향(E-I) 지표, 감각-직관(S-N) 지표, 사고-감정(T-F) 지표, 판단-인식(J-P) 지표가 있으며, 이 4가지의 선호지표를 통해 16가지 성격유형으로 분류할 수 있다.
 성격검사 중 가장 보편적인 이 검사는 학교, 군대, 기업체 등에서도 인성검사를 위해 사용한다. 시간 내서 해보길 권한다. 나는 ISFJ형이 나왔다. 이 유형에 속하는 사람들은 원칙주의형(F) 성향을 가지면서도 분석적 사고력에 뛰어나다. 내향적(I)이면서 대인관계술에 뛰어난 편이다. 계획적(J) 성향을 띠면서 동시에 변화나 새로운 아이디어에 민감하다. 일을 처리함에 있어서는 현실감각(S)을 가지고 실제적이고 조직적으로 수행한다. MBTI 검사 후 자신의 유형과 어울리는 직업도 확인할 수 있다. 나는 치과의사, 초등교사, 교육행정 담당자, 사서, 프랜차이즈 점주, 고객 서비스 상담원 등이 추천 직업으로 나왔다.
 MBTI 검사를 할 당시에 근무했던 금융권은 추천 직업에 없었다. 실제로 나는 금융권이 적성에 맞는다고 생각한 적이 없었다. MBTI 추천 직업 유형으로 의료와 교육 분야가 나왔는데, 그중 내 눈길을 끈 것은 교육행정 담당자였다. 현재 나는 대학교에서 기획업무를 담당하고 있는데 지금 일하는 곳과 맡은 업무가 적성에 맞고 꽤 재미가 있다. 내 경우에는 MBTI 검사결과가 실제와 크게 다르지 않았다. 세부적인 성격분석도 공감되는 부분이 많았다. 나는 검사의 정확성을 위해 여러 번 테스트를 했고, ISFJ형이 연속으로 나왔다. 꼭 MBTI가 아니더라도 다른 검사를 통해 본인을 객관적으로 분석해볼 것을 추천한다.

대한민국에는 2만 개가 넘는 직업이 있다. 그 가운데 내게 맞는 직업을 찾아보기 위해 정부기관인 고용노동부에서 운영하는 워크넷을 소개한다. 홈페이지에 접속하면 직업심리검사를 할 수 있는데, 청소년 대상으로 10종, 성인을 대상으로는 13종에 해당하는 검사를 할 수 있다. 검사유형 중 원하는 유형을 선택한 후 진지하게 테스트에 임하면 검사의 정확도를 올릴 수 있다. 내 경우에는 MBTI 추천 직업들과 직업심리검사 추천 직업들이 대부분 중복되었다. 이외에도 직업군별 동영상, 평균연봉, 직업전망, 특성 등 다양한 정보를 습득할 수 있어 유용하게 활용할 수 있다. 이런 검사들의 결과가 절대적인 것이라고 할 수는 없지만 본인의 모습을 찾는 데 분명 도움이 될 것이다.

MBTI 및 적성검사를 할 때 주의할 점이 있다. 정직하게 임하는 것이다. 나는 대학교 시절 비슷한 적성 관련 검사를 많이 했다.

적성검사의 결과도 지금과는 달리 금융권이 나왔다. 그때는 금융권 취업을 위해 거기에 어울리게끔 의도하면서 답을 했다. 내 진짜 모습이 아닌 금융권에서 원하는 인재상을 고민하며 답변한 것이다.

 보험회사 지점장의 업무가 처음부터 내 적성과 맞는 일은 아니었다. 맞지 않기 때문에 나를 좀 변화시키고 싶어 선택한 이유가 컸다. 사람들 앞에서 긴장하지 않고 말을 잘하고 싶었다. 조직을 이끌면서 리더십을 키워보고 싶었다. 결과적으로 약점이었던 부분은 내 강점이 되었지만 과정을 생각하면 결코 반복하고 싶지 않다. 나처럼 본인의 약점을 강점으로 만들고자 직장에 들어가는 일은 하지 않길 바란다. 회사는 학교가 아니다. 취업하는 순간 정글로 들어가는 것이다. 자신의 강점을 무기 삼아 살아남기에도 벅차다. 뚜렷한 무기 없이 직장에 들어가는 것은 적극적으로 말리고 싶다.

 본인의 적성을 찾기 힘들다면 어떤 일을 하지 않을 분명한 이유를 먼저 찾아라. 회사 동기 중에 서울대학교 간호학과 출신이 있었다. 서울대 간호학과 출신이 금융권에 있으니 당연히 모든 동기들이 의아하게 생각했다. 동기는 간호사의 길을 가지 않는 이유에 대해 간단히 말했다. 도저히 피를 볼 수가 없었다는 것이다. 본인의 적성에 관해 합리적인 이유를 찾아 다른 길을 선택한 것이다.

마지막으로 취업을 가로막는 잘못된 판단에 대해 말하고 싶다. 가고 싶은 기업들이 있지만 지원조차 하지 않는 것이다. 자존감에 상처를 받아 자신감이 떨어졌기 때문이다. 자존감은 자신을 존중하고 사랑하는 마음이다. 자존감이 낮아지면 자기비하를 통해 도전하지 않게 된다. '내가 되겠어?', '어차피 떨어질 건데 지원해서 뭘 해' 등의 부정적인 자기평가를 하는 것이다. 취업에 정답이 없듯이 누가 합격할지는 아무도 모른다.

취업준비를 하며 자존감이 낮아지는 경우는 많다. 서류에 수십 번 연속으로 탈락하다 보면 낮아질 수 있다. 내 경우에는 기대가 컸던 기업에 떨어질 때 자존감이 많이 낮아졌다. 불합격은 물론 유쾌하지 않지만, 취업준비생일수록 탈락에 덤덤해질 필요가 있다. 경쟁 없는 취업시장은 없다. 경쟁률이 2대 1이더라도 1명을 이겨야 한다. 취업의 힘은 자신감이다. 자존감이 낮은 사람이 자신감이 높을 수 없다. 정신과 의사 윤홍균은 저서《자존감 수업》에서 자존감은 정신건강의 척도라고 하며 그 중요성에 대해 강조한다. 자존감은 우리가 하는 말, 행동, 판단, 선택, 감정 등 모든 것에 영향을 미치고, 상황이 어려울수록 더욱 중요하다고 말한다. 당신의 자존감이 낮아질수록 취업문이 높아지는 악순환은 반복된다. 어떤 상황에서도 당신 자신을 사랑하고 당신의 자존감을 치켜세워라.

03
취업, 잘못 준비하고 있진 않은가?

전쟁에는 천문학적인 비용이 소요된다. 취업도 총성 없는 전쟁이다. 취업준비생인 당신은 얼마나 많은 비용을 투자하고 있는가? 돈에 한정지어 말하는 것이 아니다. 취업준비생은 다시는 돌아오지 않을 '청춘'이라는 시간을 지불하고 있다. 이것이 철저한 계획을 세워 하루를 효율적으로 보내야 하는 이유이다. 단순히 유행에 휩쓸린 스펙 쌓기로 보내는 것은 안타까운 일이다.

'호모 스펙타쿠스Homo-SPECtacus', 취업준비생들이 끝을 알 수 없는 스펙에 집착하는 자신들을 부르는 용어이다. 신문에서 취업을 준비하는 한 지방대생의 인터뷰를 본 적이 있다. 금융자격증만 8개에, 금융권 인턴 경험, 각종 영어점수까지 있는데 취업이 되지 않아 자격증을 3개 더 취득할 생각이라고 했다. 기사의 댓글은 충격적이었다. 기사의 주인공이 취업을 하지 못하는 이유가 지방대 출신이 눈만 높아서 취업이 안 된다는 것이었다. 그 댓글이 가장 많은 공감을 받아 베스트 댓글이 됐다. 다른 댓글들도 위로나 격려보다는 깎아내리는 내용이 대부분이었다. 기사의 주인공이 댓글들을 봤다면 스펙을 더더욱 높이려 할 것이다.

  취업준비를 하며 많은 사람들이 불안해한다. 자신이 떨어지는 이유를 학벌과 스펙에서 찾는 경우가 많다. 그러나 내가 이직을 하며 다양한 업종의 사람들을 만나보니, 합격의 기준은 절대 스펙이 아니었다. KT의 경우 채용과정에 스타오디션을 도입했다. 입사지원서만으로는 가늠하기 힘든, 직무에 대한 역량을 테스트하는 것이다. 참가신청서에는 일체의 스펙을 요구하지 않으며, 선정이 되면 5분의 시간 동안 형식의 구애 없이 본인의 이야기를 할 수 있다. 합격하면 서류전형이 면제된다. 한화생명도 공채에 63초 분량의 동영상으로 서류전형을 대체하는 특별전형을 실시했다. 요즘 대기업에서는 지원서에 토익점수 기재란 자체를 없애는 경우도 많다.

  내가 대학교 시절에는 어학연수를 가는 것이 유행이었다. 한 친구의 이야기다. 학과 공부도 열심히 하고 성실한 친구였다. 3학년이던 어느 날 친구는 어학연수를 가야겠다고 했다. 나는 걱정스러웠다. 어학연수에 대한 목적도 분명하지 않았고, 영어의 기초도 없는 상황이라 시간과 돈만 버릴 가능성이 커보였다. 친구에게 넌지시 충고했지만 본인도 알고 있는 사항이고 열심히 할 각오를 지녔다며 어학연수를 떠났다. 시간이 흘러 귀국한 친구는 어학연수를 간 것에 대해 후회하진 않지만 한국인과 함께 다녀 영어가 거의 늘지 않았다고 했다.

또 다른 친구는 학교를 졸업하고, 1년 동안 자격증을 준비한다고 했다. 무슨 자격증이냐고 물어보니 모 기업의 채용과정에 가산점을 주는 자격증이라고 했다. 시험에 합격해 내년 채용에 도전한다는 것이다. 1년 후 그 친구랑 통화를 하게 됐는데 통화 내내 한숨 섞인 목소리였다. 이유를 물어보니 제도가 변경되어 준비한 자격증이 더 이상 가산점을 받지 못한다는 것이었다.

소개한 두 사례는 모두 시간과 열정을 쏟은 만큼 효과를 보지 못한 경우이다. 보다 더 철저한 계획과 신중한 고민이 필요했던 상황이었다.

취업은 우리 삶에서 정말 중요한 부분이다. 특히 첫 직장의 경우 우리 인생에 미치는 영향은 정말 크다. 인생의 방향을 결정하는 중대한 기로에서 고민 없이 유행만 따라가다 후회하는 사람들을 쉽게 볼 수 있다. 당신도 예외일 수 없다. 지금 당신의 선택으로 미래의 행복, 배우자, 삶의 질이 크게 바뀔 수 있다는 것만으로도 취업준비를 철저히 해야 하는 충분한 이유가 되지 않을까?

《다프니까 청춘이다》,《천 번을 흔들려야 어른이 된다》의 저자 김난도 교수는 일자리는 단순히 돈과 생계의 문제가 아니며, 인간의 사회적 가치와 존엄에 관한 문제라고 했다. 장기 실업은 사람의 영혼을 병들게 하지만 가까스로 취업을 하더라도 일에 대한, 일로 인한 고민은 끝나지 않는다고 했다.

나는 대학교 때 독서토론클럽 활동을 했는데 클럽에 법학을 전공하는 친구가 있었다. 4학년이다 보니 만나면 자연스럽게 취업에 관해 대화를 하게 됐는데, 법학을 전공하지만 금융권을 목표로 준비를 한다고 말했다. 본인의 스펙도 공유해주었다. 토익은 800점대에서 멈추고, 전공자에 뒤처지지 않게 경제관련 공부를 해왔다고 했다. 이후에는 금융자격증은 한 개 정도 취득하고, 공부를 하면서 이력서에서도 쓸 수 있게 경제테스트 시험을 볼 계획이라고 했다. 대학교에서 만난 가장 계획성 있는 친구였다. 1년쯤 지났을 때 우연히 그 친구와 연락이 닿아 만났다. 친구는 상반기 공채에 도전을 해 몇 군데 면접을 봤지만 최종에서 탈락했다고 했다. 취업에 실패를 했지만 여유롭고 자신감이 있었다. 인상 깊었던 점은 본인이 원하는 확실한 직무가 있었다는 것이다. 본인이 원하는 직무를 선택하며 메이저 공기업, 대기업, 금융권 회사에 지원했다. 최종면접에서 떨어진 곳들은 이름만 들어도 아는 기업들이었다. 누구나 지원은 할 수 있지만, 결코 아무나 들어갈 수 없는 경쟁률이 매우 높은 기업들이었다. 만약에 언론에서 그 친구를 인터뷰한 기사가 났다면 베스트 댓글로 '눈높이를 낮춰라', '지방대 주제에' 등의 댓글이 달렸을 것이다. 나는 놀랍기도 하고, 부럽기도 했다. 취업준비생 시절 내가 가고 싶은 곳이 아닌 남들이 가고 싶어 하는 곳에 지원을 해서인지 더더욱 그런 마음이 들었다. 친구는 회사의 브랜드에 기죽지 않고 하고 싶은 확실한 직무에 도전했고 만남을 가진 지 몇 달 후 메이저 금융공기업에 공채로 입사했다는 소식을 전해주었다.

제대로 된 취업준비를 위해 필요한 것은 정보습득이다. 취업준비생은 항상 정보에 민감해야 한다. 대표적으로 학교에서 운영하는 취업지원팀 게시판에 자주 접속하자. 기업에서는 취업지원팀과 연계하여 채용설명회를 진행한다. 회사 채용공고에 설명회 일정이 나오는 경우도 있지만, 학교 취업정보 사이트에 정리가 잘 되어 있는 경우가 많다. 채용설명회에서는 합격에 필요한 정보는 물론 서류전형의 우대 및 면제 혜택도 얻을 수 있다.

대학교 4학년 때 대규모로 기업의 채용설명회가 열린 적이 있었다. 내가 가고 싶은 금융권 기업들도 많았다. 회사담당자에게 제출할 자기소개서를 만들었다. 면접을 보는 마음으로 정장을 입었다. 채용상담은 8시부터 시작이었지만, 30분 더 일찍 가서 가장 가고 싶은 기업 자리에 미리 앉았다. 기업의 인사담당자는 "무엇이 그렇게 궁금해 이렇게 일찍 왔나요?"하고 웃으며 인사를 했다. 나는 그동안 금융권 취업을 위해 준비한 과정과 의지를 담은 서류를 전달했다. 20분 정도의 상담이 끝난 후 인사담당자는 내게 명함을 주고, 자신의 수첩에 내 이름을 메모했다. 입사지원을 하고 자기한테 전화를 달라고 했다. 그리고 나는 그 회사의 서류전형에 당연히 합격할 수 있었다.

회사에 근무할 당시에는 모교에서 채용설명회를 직접 진행했다. 2시간의 채용설명이 끝나고, 희망자에 한해 상담하는 방식이었다. 회사 인사담당자가 우수참석자들을 선정해주면, 서류전형 우대혜택을 준다고 했다. 여기서 말하는 우대혜택은 지원서가 정말 형편없지 않은 이상 합격을 시킨다는 것이었다. 스펙에 대한 걱정과 불안한 모습을 보이는 사람보다 직무에 대한 추가질문, 무엇이 더 필요한지 등 적극적이고 자신감 있는 모습을 보인 후배들을 추천했다. 추천을 받은 후배들은 서류전형 우대혜택뿐만 아니라 현직자인 내게서 많은 정보까지도 얻은 셈이다. 취업전쟁에 있어 정보는 중요하다. 뚜렷한 목표가 없다면 정보를 습득할 확률이 적을 수밖에 없다. 단순히 스펙을 쌓는 것보다 확실한 비전과 목표를 세우고, 정보를 습득해 적극적인 준비를 한다면 취업전쟁에서 우위를 점할 수 있다.

04
지금의 조건에서 취업하는 3가지 비결

 취업을 가르는 요소로 학벌이 큰 영향을 미친다고 말하는 사람들과 학벌이 좋지 않더라도 다른 부분으로 충분히 채울 수 있다고 말하는 사람들이 있다.

학벌이 매우 중요하다는 사람들은 대기업에 취업하려면 일정 수준 이상의 대학교를 졸업해야만 한다고 말한다. 한마디로 눈에 보이지 않는 벽이 분명히 존재한다는 것이다. 아무리 학점, 영어 점수 등이 높더라도 처음부터 내부적인 선발기준에 부합되지 않는 경우도 있다. 결국 학벌의 중요성을 말하는 사람들은 지방대 출신으로 공기업, 대기업에 취업하는 것은 소수이고, 대부분 공무원 준비를 하거나 중소기업 행이라고 주장한다.

학벌과 취업이 크게 상관없다고 주장하는 사람들의 생각을 살펴보자. 취업할 때 학벌의 영향이 전혀 없다고는 할 수 없지만, 비중은 크지 않다고 한다. 국내 재계 1위 기업인 삼성그룹에 소위 말하는 SKY 출신 또는 다음 서열의 대학교 출신들만 있는 것은 아니다. 공기업, 대기업에서는 일정 부분 지방대학 출신을 반드시 채용해야 하고, 학교 추천이나 개인의 노력을 통해서 학벌이 좋지 않음에도 공기업, 대기업 신입사원으로 채용된 사례들을 이야기한다.

과연 신입사원을 채용할 때 학벌의 벽은 존재하는 것일까? 내가 3군데의 대기업을 경험하며 느낀 점은 취업을 할 때 외적인 요소보다 내적인 요소가 더 중요하다는 것이다. 학벌의 영향이 전혀 없다고는 할 수 없지만, 자신만의 브랜드로 충분히 극복할 수 있다. 결코 희망고문이 아니다. 나를 비롯해 많은 사례들을 봤다. 이 책을 읽는 취업준비생들이 지금의 조건에서 취업하기 위한 전제조건 3가지를 소개한다.

첫째, 자신의 한계를 정하지 않고 원하는 일을 찾는 것이다. 지방대 출신에 내세울 만한 스펙도 없는 2명의 친구가 있었다. 친구 C는 스스로 한계를 정하며 자신감이 없었다. 상대적으로 경쟁률이 낮을 것 같고 적성과 상관없는 회사들에 '묻지 마 지원'을 했다. 다른 친구 P는 자신감을 가지고, 여러 대기업 및 금융권에 지원했다. 두 친구는 극심한 취업난에도 불구하고 최종합격을 할 수 있었지만 C는 합격한 회사에 입사하지 않았다. 이유를 물어보니 아무리 생각해도 급여가 너무 적고, 업무에 적응할 자신이 없다고 했다. 그 이후 별다른 노력 없이 세월을 보내다 지금은 거의 취업을 포기한 상태가 됐다. P는 본인이 원하는 회사의 직무에 합격해 최근까지도 잘 다니고 있다. 두 친구의 차이점은 무엇일까? 한 친구는 지방대라며 자신의 한계를 미리 정한 반면, 다른 친구는 본인이 하고 싶은 일과 가고 싶은 회사에 과감히 도전했다는 점이다.

둘째, 경험을 바탕으로 한 설득력 있는 이야기를 갖는 것이다. 원하는 목표를 설정했다면 달성을 위한 자신만의 이야기를 만든다. 스토리를 통해 회사에 필요한 인재라고 기업을 설득할 수 있어야 한다. 베스트셀러 《최고의 설득》의 저자 카민 갤로는 설득을 위한 최고의 소재는 자신의 경험이라고 말한다. 설득을 위한 핵심은 마음이다. 마음에 이르기 위해서는 머리를 지나야 하는데 경험이라는 고유한 이야기는 거기에 이르는 수단이다. 예를 들어 희생과 봉사정신이 있다고 말하고 싶다면 헌혈을 한 경험을 스토리로 표현하는 것이다. 단순히 경험만 적는 것이 아니라 목표 및 교훈을 함께 적는 것이다. 30회, 60회를 해서 상장을 받았거나 그것을 목표로 정해 스토리로 표현할 수 있다. 배우 최강희처럼 헌혈을 통해 자신이 쓸모 있는 인간이라고 생각되어 자존감이 올라갔다는 교훈을 더해 스토리로 만들 수도 있다.

마지막으로 퍼스널 브랜드를 구축하는 것이다. 목표를 정하고 거기에 도전하며, 고품격 인재로 거듭날 수 있도록 자신을 브랜딩하는 것이다. 취업 시장에서뿐만 아니라 입사 후에도 비슷한 스펙과 업무능력을 가졌지만 브랜드에 따라 받는 대우는 큰 차이가 난다. 나만의 브랜드는 재능, 외모, 전문성 등을 통해 나타나는 자신의 가치이다. 기업에서 채용하는 인원은 한정되어 있다. 경쟁자들을 제치고 선택받기 위해서는 자신만의 브랜드를 지녀야 한다. 그럼 효율적인 브랜딩 방법은 무엇이 있을까? 바로 이 책에서 하고자 하는 이야기의 핵심이라고도 할 수 있다. 어설픈 취업 컨설팅이나 취업카페의 근거 없는 조언보다 취업에 유용한 현실적인 취업비결이다. 취업에 정답은 없지만, 현장에서 직접 보고 느끼며 얻은 교훈을 공유하고자 한다. 지금부터 하나씩 풀어가며 자신의 모습을 본다면 좋을 것이다. 당신을 위한 답을 꼭 찾길 바란다.

05 취업의 목적을 생각하라

　취업을 왜 하려는지 지금 대답하지 못한다면 입사를 하더라도 슬럼프에 빠질 확률이 높다. 나는 취업준비생 시절에는 취업의 목적에 관해 진지하게 고민해본 적이 없었다. 직장을 고르는 데 우선순위는 오직 연봉이었다. 그러나 대기업이나 금융권은 연봉이 높은 만큼 하는 일도 많았다. 내 경우는 저녁 없는 삶의 연속이었다. 첫 직장 입사 1년 만에 보험회사 지점장 업무를 수행했다. 사람들과 명함을 교환할 때 지점장이라는 직책을 보며 놀라워하는 반응을 자주 볼 수 있었다. 내가 가장 많이 들었던 말은 "젊은 나이에 어떻게 지점장이 되셨어요?", "능력 있으시네요" 등이었다. 하지만 실제생활은 매일 실적압박으로 스트레스를 받으며 여유 없는 생활의 연속이었다.

　보험회사 지점장의 일과는 다음과 같다. 6시에 일어나, 7시에 지점에 도착해 문을 연다. 전날의 실적정리, 공지사항, 교육자료 정리, 팀장 미팅 준비 등 지점회의 자료를 준비한다. 지역단 회의가 있는 경우, 상사에게 전날 실적에 관해 피드백을 받고, 당일 예상실적을 근거를 갖추어 보고한다. 실적이 부진하거나 보고가 미흡할 경우에는 압박을 받을 수도 있다. 8시~9시까지는 최종적으로 아침회의 자료를 정리하며, 매일 아침 9시에 약 30~40분 정도 지점 정보미팅을 진행한다.

지점 회의를 마치면 설계사들의 정서 및 활동관리 면담을 진행한다. 오후에는 설계사들과 동반활동을 가거나 신입을 만나서 리크루팅 활동을 펼친다. 보험회사는 저녁 7시에 마감을 하는데 마감이 됐다고 퇴근할 수 있는 것은 아니다. 다음날 아침에 진행할 정보미팅을 위해 보험상품 분석, 실적 트렌드 등에 관해 연구하며 PPT를 작성한다. 작성이 끝나면 지점의 설계사 채용을 위해 사람들을 만나 저녁식사를 한다. 순탄하게 흘러갈 경우 9시 전후에 퇴근할 수 있다. 대부분의 날은 회사에 회의가 잡히거나, 회식이 10~11시에 끝나도 다음날 정보미팅 자료를 만들기 위해 지점으로 다시 들어가곤 했다.

소개한 일과는 주 마감, 월 마감을 제외한 일정이다. 마감 날에는 1~2시간 퇴근이 더 늦어졌으며, 10년차 미만 지점장들의 경우 더 늦게 퇴근하는 경우가 많았다. 주말에는 한주간의 영업 준비를 위해 거의 매주 출근을 했다. 이런 생활이 끝없이 반복되다 보니 내가 왜 일을 하는지에 대한 의문이 들 수밖에 없었다. 나는

'왜?'라는 질문에 제대로 된 이유를 찾지 못했고, 슬럼프에 빠졌다. 그리고 이런 슬럼프에 빠진 이유를 회사 탓으로 돌렸다. 실적 압박과 야근 때문에 회사에서 비전을 찾지 못하는 것이라고 생각했다. 다른 회사는 분명 다를 것이라는 희망을 가졌다. 이직을 행동으로 옮기기 위해 회사의 문제점을 찾고 자기합리화를 했다. 그러나 이직을 한 회사들도 크게 다르지 않았고, 직장생활에서 비전을 찾는 것은 내 몫이라는 것을 깨달았다.

두 번째 직장은 H카드회사였다. 보험회사보다 업무 강도는 낮았지만 상대적으로 급여가 적었고, 아내의 육아휴직까지 겹쳐 생활이 빠듯했다. 다시 H카드회사보다 2배의 연봉을 받는 조건으로 H손해보험으로 이직했다. 보험업계를 3년 가까이 떠나 있어 신입사원보다 더 열심히 공부해야만 했다. 출근은 빨라지고 퇴근은 늦어질 수밖에 없었다. 아내와 아들의 자는 모습밖에 볼 수가 없었다. 그 당시 혼자서 육아를 도맡던 아내는 많이 힘들어했다. 카드회사에서 근무할 때가 가족과의 시간을 보낼 수 있어 더 좋았다고 내게 말하곤 했다. 지금 생각해보면 그때 내 모습은 생택쥐페리의 《어린 왕자》에 나오는, 별을 세는 비즈니스맨과 매우 흡사했다. 비즈니스맨은 은하계의 별들을 관리해, 세고 또 세는 일을 하는 사람이었다. 별들이 모두 자기 것이라고는 하지만, 그에겐 아무것도 없었다. 어린 왕자 눈에는 목적 없이 의미 없는 생활을 하는 것이 외로워 보일 뿐이었다. 내 생활이 그랬다. 나는 가족을 위해 '월화수목금금금'이라는 생활을 열심히 했지만, 정작 가족과의 시간은 보내지 못한 채 외롭고 의미 없는 시간만 반복할 뿐이었다.

회사에서 잘나가는 선배 지점장이 있었다. 지점의 실적도 우수하고 평판도 좋아 탄탄대로를 걷고 있었다. 어느 날 그 선배가 사표를 냈다는 이야기를 들었다. 우연히 선배와 이야기할 수 있는 기회가 생겼고, 조심스럽게 물어봤다.

"형은 왜 그만두는 거죠? 지점도 잘 나가잖아요?"

"현석아, 눈에 보이는 것이 전부가 아니야. 내가 지금은 잘 나가지만 언제 바닥을 칠지 몰라. 이 일을 앞으로 5년, 10년, 20년을 해야 되는데 그러고 싶지 않다. 매일 설계사들 앞에 목숨 걸고 서는 기분 아니? 너도 나중에 지점장이 되면 알 거야."

나는 사표는 약한 사람들이나 내는 것이고, 세상에 지는 것이라고 생각했다. 그러나 선배와의 대화 후, 회사에 적응을 잘하고 인정을 받아도 자신이 왜 취업했는지 이유를 찾지 못하고 앞으로 비전을 찾을 수 없다면 결코 행복할 수 없다는 것을 깨달았다.

선배뿐 아니라 동기를 보면서도 비슷한 교훈을 얻을 수 있었다. M사에서 함께 지점장 교육을 받았던 동기는 총 20명이었다. 교육을 받으며 발표와 토론을 자주 하여 서로 파악할 수 있는 시간이 많았다. 동기끼리도 분명 실력 차이는 있었는데 속으로 동기들 중 가장 뛰어나다고 생각하는 사람이 있었다. 취업 전부터 원룸 건물을 소유하고 있었고, 인생에서 산전수전을 겪어 상당히 내공이 있는 친구였다. 회사를 나온 후 우연히 그 친구와 연락이 되었다.

"현석아, 오랜만이다. 나 회사 그만뒀다. 건강도 많이 안 좋아졌고, 지금 다른 일 준비하고 있어."

예상 밖이었다. 동기는 결혼한 지 6개월도 되지 않았다. 저녁에 시간을 내서 집 근처 치킨 집에서 만나 이야기를 들어봤다. 더 이상 회사생활에 미련이 없었고, 본인이 원하는 사업을 구상 중이었다. 동기는 내게 인상 깊은 말을 했다.

"지금 어머니 일 도와주면서 내 일을 준비하고 있거든. 가끔씩 거래업체 사장님들이나 사람들 만나서 술자리를 할 때가 있는데 그게 참 재밌어. 편안하고 말이야. 좋아. 정말 좋아. 회사 사람들과 술 마시는 것과 차원이 달라."

동기는 직장에서 사람들과의 관계는 인간관계가 아니라고 단호하게 말했다. 회사에서 잘 나가고 업무 수행능력이 뛰어났지만, 비전을 갖지 못해 다른 길을 간 경우였다.

소개했던 선배와 동기는 지금 개인 사업을 하며 승승장구한다. 아마 그들에게 '지금 그 일을 왜 하느냐'는 질문을 던진다면 자신만의 답을 당당히 말할 수 있을 것이다.

장자가 말하길 흐르는 물에는 자신을 비춰보지 못한다고 했다. 고여 있는 물에 자신을 비춰봐야 하듯이 취업 전에 왜 취업을 해야 하는지 고민하고 찾아봐야 한다. 《언니의 독설》의 저자 김미경 원장은 꿈과 비전을 위해 무엇을 하고 있는지, 스스로에게 물어야 한다고 했다. 끊임없이 나 자신과 대화를 하고 생각을 하는데도 그 답을 찾기란 쉽지 않다고 말한다.

　우리들은 하루에도 수십, 수백 번 스마트폰을 바라보고 있다. 오늘부터라도 그 시간을 아껴 나 자신과 소통하는 시간을 가져보는 것은 어떨까? 당신이 지금 고생하고 인내하는 것은 자신의 행복을 위해서 아닌가. 나는 '왜?'라는 질문에 대한 답을 3군데의 대기업을 경험하고 나서야 비로소 찾을 수 있었다. 남들이 아닌 나를 위한 취업은 무엇인지, '내일'을 위한 내 '일'이 무엇인지 말이다. 당신이 만약에 결혼하지 않았다면, 취업을 하지 않았다면 더 좋은 조건이다. 자, 다시 한 번 취업준비를 하는 이 시기에 반드시 필요한 질문을 하겠다. "당신은 왜 취업을 하려는 것인가?"

06
취업은
속도보다 방향이다

　　2017년, 한 구인구직업체 사이트에서 직장인 1,321명에게 조사를 한 결과, 10명 중 6명은 3년 내 퇴사하는 걸로 나타났다. 1~2년 내 퇴사율은 25.7%였으며, 응답자의 94.6%는 첫 직장을 이미 퇴사했다고 답했다. 퇴사의 가장 큰 이유는 업무에 대한 스트레스였다. 물론 직장생활은 업무 이외에도 스트레스를 받는 요인들이 많다. 인간관계, 연봉, 야근 및 주말출근 등 다양하다. 대기업의 경우 신입사원 연수를 보통 4주간 진행한다. 처음에는 서로 데면데면할 수밖에 없지만 3~4주차에는 조금씩 친해지게 된다. 동기들과 대화를 나눠보면 정식입사도 하기 전부터 퇴사를 생각하거나, 큰 고민과 계획 없이 취업을 했다는 것을 알 수 있었다. 그들의 대부분은 부서 발령 후 1년도 되지 않아 퇴사를 했고 사표를 내지 않더라도 회사를 다니며 '여길 계속 다녀야 되나'라는 불평만 하며 의미 없이 보내는 사람들이 많았다.

나는 2달 주기로 파마를 하는데 책을 쓰는 기간에 헤어스튜디오의 원장님과 미용시장의 채용시스템에 관해 대화를 나눈 적이 있었다. 헤어스튜디오의 경우 취업한다고 해서 바로 디자이너가 되는 것은 아니라고 한다. 밑바닥부터 차근차근 시작하며 단계를 밟아야 한다. 원장님은 최근의 신입들은 그 과정을 인내하지 못한다고 말했다. 전국적으로 여러 체인점을 가질 만큼 규모가 큰 헤어스튜디오였지만, 10명 중 9명이 입사 후 1년을 넘기지 못한다고 했다. 무단퇴사를 하는 경우도 많다고 했다. 일을 배우려면 최소 1년에서 2년이란 시간이 필요한데, 그 기간을 기다리지 못한다며 안타까운 심정을 밝히는 한편, 요즘 신입들은 충성심과 끈기가 없다며 한탄했다.

그렇다면 일반 회사는 다를까? 대기업에서 엄청난 연봉과 복지를 누리면서도 충성심이 없는 사람들을 무척이나 많이 봤다. 같은 부서는 아니었지만, 내가 다니던 회사에 소문이 좋지 않은 여직원이 있었다. 대화를 해보면 회사에 대한 불만이 가득했다. 퇴사에 대한 이야기를 끊임없이 하며 불평만을 늘어놓았다. 그녀의 생각이 궁금했다. 편견을 가지지 않으려고 노력하며 대화를 시도했다. 그녀는 얼떨결에 회사에 들어왔고, 맡은 업무도 생각했던 것과 달라서 힘들다고 했다. 이직을 위해 노력하고 있으며, 합격하는 곳이 생기면 바로 옮길 예정이라고 말했다. 취업에 대한 특별한 준비와 계획은 없었다. 단지 현재의 상황에서 빨리 벗어나고자 했다. 나는 그녀에게 취업을 빨리 하는 것보다 제대로 된 방향설정이 먼저라고 조언했다.

감동적인 OST와 아름다운 영상미가 압권으로 골든글러브 7관왕을 수권한 영화 〈라라랜드〉가 있다. 영화는 꿈과 사랑이란 2가지의 큰 주제로 전개되는데 여기서는 꿈에 관한 이야기를 하고 싶다. 배우 지망생인 여주인공 미아는 오디션에 매번 낙방한다. 면접관들의 차가운 시선과 노골적인 무시에 모멸감을 느낄 때도 많다. 남주인공 세바스찬은 돈도 못 벌고 알아주는 사람도 없는 음악가지만 재즈음악을 손님들에게 자유롭게 들려주는 재즈 바의 사장이 되는 꿈을 가지고 있다.

세바스찬은 우연한 기회에 대중적인 밴드에 들어가 부와 명성을 얻게 된다. 밴드생활을 하며 모은 돈으로 자신의 꿈인 재즈 바의 사장이 된다. 미아는 계속되는 오디션 탈락에 좌절하지만 끝까지 꿈을 포기하지 않고 마침내 한 오디션에 합격해 파리로 떠나 훌륭한 배우가 된다.

내가 인상 깊었던 주인공은 미아보다 세바스찬이었다. 세바스찬은 처음부터 대중밴드를 원했던 것은 아니었다. 하지만 밴드생활을 하며 인지도를 쌓고 돈을 벌었다. 이런 시간들이 꿈을 이룰 수 있는 원천이 된 것이다. 영화지만 현실에서도 충분히 적용해 볼 수 있는 사례이다. 당장 꿈을 이루기에 경험도, 실력도 부족하다면 일단 비슷한 분야를 경험해보는 것이다. 회사는 학교가 아니지만 본인이 원하는 직무가 있다면 배울 수 있는 최고의 장소이다. 그것도 돈을 받으면서 말이다.

자수성가 성공 스토리가 드라마 및 뮤지컬로 나올 만큼 유명한 〈총각네 야채가게〉 이영석 대표는 야채가게를 열기 전 전국을 돌아다니며 장사하는 사람들 밑에서 일을 배웠다. 그는 자신이 꿈으로 생각하는 분야의 조직에 들어가 3~5년 경험을 하는 것이 성공의 중요한 열쇠라고 조언했다. 당장 본인이 원하는 꿈을 이루기 위한 돈과 경험이 부족하다면 회사에 들어가든, 일을 배우든 자신의 꿈의 기초를 쌓는 것도 취업의 방향을 잡는 하나의 방법일 것이다. 〈라라랜드〉의 세바스찬처럼 말이다.

만약 지금 상황에서 도저히 비전을 찾을 수 없다면 망설임 없이 수정할 필요가 있다. 문제가 생겼을 때 과감한 결단력과 실천의 중요성을 깨닫게 해주는 이야기를 소개한다. 《삼국지》 초반에 나오는 조조의 이야기다. 동탁은 천자를 폐위시키고 사리사욕과 폭정을 일삼았다. 무소불위의 권력을 휘두르며 조정을 혼란에 빠뜨리는 세력의 중심이었다. 어느 날 왕윤의 집에서 생일잔치가 열렸고, 여러 대신들이 모여 동탁에 관한 이야기를 하며 분개했다. 그러나 사람들은 분통만 터뜨릴 뿐 아무런 해결책을 내놓지 못했다. 그런 모습을 보면서 손뼉을 치며 웃는 사람이 있었다. 바로 조조였다. 행동 없이 고민만 하며 의미 없는 이야기들을 주고받는 대신들이 한심했던 것이다. 심각한 상황에 비웃는 조조를 보며 왕윤은 버럭 화를 낸다. 이에 조조는 정색하며 동탁의 암살

계획을 내놓는다. 계획에 따라 조조는 왕윤에게서 칠성보도를 받고 동탁을 찾아가지만 암살은 실패하고 조조는 보검을 바치려 했다는 임기응변으로 위기를 넘기고 도망친다. 전국적으로 수배령이 내려졌지만 나라를 위해 목숨을 건 조조의 행동은 소문이 났고 그의 명성은 올라가게 된다.

동탁의 횡포를 보면서도 분통만 터뜨릴 뿐 아무런 행동도 하지 않는 대신들이 한심하지 않은가? 그렇다면 과연 우리의 모습은 다를까? 자신이 현재 가고 있는 길에서 문제점을 발견해도 조치를 취하지 않는 것과 무엇이 다른가. 만약 본인이 목표를 잘못 설정해 잘못된 방향으로 가고 있다면 수정할 수 있는 과감한 결단과 행동이 필요하다. 많은 사람들이 빨리 가려고 하며, 안전한 길만을 원한다. 지금 가고 있는 길에서 문제가 보여도 애써 무시한다. 그러나 실패할 가능성이 있더라도 도전할 수 있는 용기가 필요하다.

지금까지 취업은 속도보다 방향과 실행력이 중요하다고 설명했다. 취업의 방향이 중요한 결정적인 이유는 또 있다. 입사 5년 이내 쌓은 실력과 평판은 회사에서 자신의 운명을 결정한다. 직장에서 살아남으려면 취업하자마자 전력투구해야 한다. 신입사원 시절 경력 20년인 지점장님께서 해주신 첫 조언이었다. 나는 3군데의 대기업을 경험하며 이것이 결코 틀리지 않는 말이란 것을 깨달았다. 일단 당장의 취업만을 생각해 입사한 사람들은 최선을 다하지 않는다. 실력이 없으면서 노력하지도 않는다. 그런 경우 직장에서 가장 큰 손해는 승진을 못한다는 것이다. 반면에 늦게 취업하더라도 자신의 적성을 찾아 재밌게 일을 하는 경우가 있다. 이런 사람들이 직장에서 인정받고 승진도 잘한다. 직장인에게 승진은 정말 중요하다. 신경을 안 쓴다고 하는 것은 거짓말이다. 말은 신경 쓰지 않는다고 하면서도 동기나 후배가 자신보다 먼저 승진하는 것에 괴로워하는 사람들을 많이 봤다. 회사에서 인정받는 사람들은 빠르게 취업한 사람이 아니다. 일의 성과를 내며 함께 일하고 싶은 생각이 들게끔 하는 사람이다. 취업의 방향을 잘 설정함으로써 자신이 노력하며 두각을 나타낼 수 있는 분야를 정확히 찾길 바란다.

07 나만의 강점으로 승부하라

 나만의 강점은 취업이라는 경쟁에서 승리할 수 있는 무기이다. 많은 취업준비생들이 남들과 비교하며 없는 것을 채우려 한다. 토익 점수가 700점, 800점이라는 것이 과연 자신만의 강점이 될 수 있는가? 물론 지원하려는 기업에서 내세우는 기본조건이라면 반드시 갖춰야 하지만 남들과 차별화되는 나만의 강점이라고 할 수는 없다. 남들과 똑같아서는 자신의 가치를 드러낼 수 없다. 김용섭의《라이프 트렌드 2017》에서는 이런 내용이 나온다.

"흉내 내기나 과장은 금세 티가 난다. 진짜 있으려면, 일관성 있는 라이프 스타일을 유지하며 취향을 드러내야 한다. 있어 보이려는 사람들은 누구나 잘 아는 루이뷔통과 프라다를 선호하고, 에펠탑이나 타임스퀘어 등 대중적으로 유명한 곳을 여행하고, 경리단길이나 가로수길 등의 유명 맛집에서 밥을 먹는다. 이 모든 것들이 이제는 너무 흔해졌다."

내가 취업 준비하는 시기에 오픽OPIc은 유명하지 않았다. 토익이 훨씬 더 대중적이었고 유명했다. 나는 취업 시즌 직전에 2주 정도 준비하며 중간 등급만 취득했다. 임원면접을 보면서 토익점수가 없는 것에 대해 압박 질문을 받은 적이 있었다. 나는 실생활에서 사용할 수 있는 영어 말하기에 중점을 두었고, 입사 후에도 마찬가지라고 답변했다. 영어 관련 질문은 그게 전부였다. 면접관은 고개를 끄덕이며 영어에 관한 질문을 더는 하지 않았다. 그 질문을 받았던 회사의 채용결과는 최종합격이었다.

스펙을 올리지 않고는 불안해서 못 견디겠다 싶으면 효율적인 투자를 권장하고 싶다. 투자라는 개념은 돈에만 적용되는 것이 아니다. 스펙에도 적용할 수 있다. 내가 취업한 지 얼마 안 됐을 때 만난 대학 후배는 아무리 공부를 해도 토익점수가 오르지 않는다고 불안해했다. 정확한 점수를 알려주지는 않았지만 어떻게든 900점을 넘기고 싶다고 말했다.

"900점을 넘기려는 이유가 뭐니?"

"그야 요즘 900점은 기본이니까요. 그런데 저는 영어가 너무 약해 취업이 힘든 것 같아요."

"어디로 갈지는 정했고?"

"아뇨, 아직 모르겠어요. 그냥 쓸 수 있는 데는 다 지원할 생각이에요. 오빠, 어떻게 해야 될까요? 다음 달에 마지막으로 시험

보고 점수 안 나오면 필리핀으로 가서 영어공부를 더 할까 고민 중이에요."

"다음 달에 시험을 보는 것은 상관없지만 만약에 안 된다고 해도 지금 유학을 가는 것은 별로 추천하고 싶지 않은데? 차라리 그 시간과 노력으로 영어 말하기나 중국어시험을 보는 것이 어떠니?"

"그럴까요? 그런데 너무 불안해요."

"요즘은 기업에 토익점수 기준이 700점이라면, 그 기준만 넘으면 서류평가 시 부여하는 점수 차이가 거의 없는 곳도 많아. 그리고 토익점수가 높다고 해서 무조건 합격하는 것도 아니야. 기업에서도 시험용인 토익보다 말하기 점수를 선호하기도 해. 지금은 사람들이 영어 말하기 공부를 많이 하지 않지만 분명 토익만큼 흔해질 거야. 중국어도 마찬가지고. 그전에 취득한다면 남들과 차별화를 둘 수 있지."

후배는 면담을 할 때에는 수긍(한 척)했지만 결국 필리핀으로 유학을 떠났다. 나중에 안 사실이지만, 후배는 유학에도 불구하고 토익점수에는 거의 변동이 없었으며, 원했던 진로를 포기하고 다른 길을 준비하고 있었다. 토익점수를 투자한 시간에 비례해 점수를 올리는 사람들도 있지만, 그렇지 못한 사람들도 많다. 본인이 약하다고 생각하는 토익보다 다른 강점에 투자하는 것이 낫지 않았을까?

자신만의 강점을 부각시켜 합격한 많은 사례 중 하나를 소개한다. 대학동기 중에 제대 후 휴학 없이 바로 졸업한 동기가 있었다. 토익점수는 700점대였고, 학점은 3점 중반, 한 번의 은행 인턴 경험이 전부였다. 2010년 하반기 공채 시즌에 은행에 지원했지만 1차 면접에서 떨어졌다. 인턴으로 근무했던 은행이었지만 함께 면접을 봤던 경쟁자들도 인턴 경력이 있는 경우가 많았다. 친구는 다음 공채 시즌에 떨어졌던 은행에 다시 지원해 합격했다. 연락이 되어 취업에 관해 이야기를 나눴는데 합격 전후의 스펙에는 큰 변동이 없었으며, 다만 떨어졌던 은행에서 다시 인턴을 했다고 말했다. 그 시기에는 금융권 취업을 위해 금융자격증과 토익점수 900점을 확보하는 것이 큰 유행이었지만 친구는 스펙에 얽매이지 않고, 자신만의 강점을 만든 것이었다. 은행에서 한 번 인턴을 한 사람은 많이 봤지만, 같은 은행에서 2회 이상 인턴을 한 사람은 그 친구가 처음이었다. 남들과 차별화되는 강점으로 승부해 성공한 사례라고 할 수 있겠다.

　나는 취업 당시 나만의 무기를 만들고 싶었고, 고민 끝에 공모전을 선택했다. 경제학도였기 때문인지 금융자격증 취득을 위한 공부는 재미있게 한 반면, 토익은 전혀 신경 쓰지 않았다. 자격증이나 토익이 정말 필요하다면 졸업 및 입사 후에도 언제든지 취득할 수 있다고 생각했다. 남들과 차별화되면서 학창 시절 도전할 수 있는 것을 갖고 싶었다. 혼자 또는 팀을 조직해 한국은행통화정책경시대회, 시중은행 등 각종 공모전에 도전해 실패도 하고

수상도 했다. 그 결과 채용설명회에 참석하거나 회사에서 면접을 볼 때에 공모전 참가와 수상에 대해 칭찬을 받거나 좋은 평가를 받았다. 공모전 관련 질문을 받은 면접은 전부 합격한 것이 그 증거이다.

 당신만의 강점을 만들어라. 자신의 강점을 만들고자 하는 노력은 취업준비 기간을 단축시키는 데 꼭 필요한 행동이다.

08
절대 요행을 바라지 마라

 행운을 마다할 사람은 없을 것이다. 그러나 행운을 잡기 위해서도 먼저 준비가 되어 있어야 한다. 아인슈타인은 어제와 똑같은 오늘을 살면서 다른 미래를 기대하는 것은 정신병 초기증세라고 했다. 그리스신화에 보면 기회의 신, 카이로스가 나온다. 카이로스는 발가벗고 앞머리가 무성한 모습을 하고 있는데, 이 특이한 모습은 눈에 잘 띄고 발견했을 때 쉽게 잡을 수 있기 위한 것이라고 한다. 다른 부분의 묘사도 재미있다. 뒷머리는 대머리인데 이는 지나가고 나면 다시는 붙잡지 못하도록 하기 위함이며, 어깨와 발에 날개가 있는 이유는 빠르게 사라지기 위한 것이라고 한다. 이렇듯 기회란 한 번 지나가면 다시 붙잡기 어렵다. 또한 좋은 기회가 올지라도 준비되어 있지 않으면 잡을 수 없다. 스스로에게 질문해보자. 실패가 두렵거나 이미 늦었다고 생각해 일찍 포기한 채 요행을 바라고 있지 않은가? 루이스 캐럴의 《거울 나라의 앨리스》에서 붉은 여왕은 이야기한다.

"여기서는 제자리에 있고 싶으면 죽어라고 뛰어야 해."

우리 사회도 마찬가지다. 남들도 같이 뛰기 때문에 남들 이상이 되고 싶다면 더 빨리 뛰어야 한다. 직장에 들어가면 더 절실하게 느낄 것이다. 오늘 걷지 않으면 내일은 반드시 뛰어야 한다. 평생직장은 없다. 늘 꾸준히 노력하고 공부해야 한다.

얼마 전까지만 해도 보험회사에서 100세 마케팅을 펼쳤지만 요즘은 110세, 120세를 외친다. 평생직장 개념이 사라진 지금, 우리는 항상 취업준비생이나 다름없다. 요행을 바라지 않고, 항상 준비된 모습을 갖추는 것이 중요하다. 준비가 되어야 취업하는 기회를 잡을 수 있기 때문이다.

직장에서 사람들과 회사 입사와 관련된 대화를 나눌 때가 많았다. 대기업에 입사를 하려면 운도 필요하지만, 기본적으로 실력이 뒷받침되어야 한다. 노력 없이 운으로만 들어온 사람은 없었다. 회사에서 1차, 2차 면접을 함께 봤던 친구가 있었다. 그는 1차 실무진 면접 때 강한 인상을 주지 못했고 면접관들의 질문을 거의 받지 못했다. 임원면접 때에도 답변을 회피해 강한 압박을 받았다. '이 친구 실수했네. 떨어질 것 같다'라고 생각했는데 예상과 달리 같은 조에서 그와 내가 최종합격했다.

'운이 좋았다'라고 할 수 있지만, 그는 흔히 말하는 본인만의 브랜드와 스토리를 가지고 있었다. 워킹 홀리데이로 호주에 2년간 머무르면서 닥치는 대로 일을 하며 돈을 모았다. 모은 돈으로 호주에서 창업까지 했다. 크게 이윤을 남기지는 못했지만, 분명 창업경험은 본인만의 강점이었다. 당연히 영어는 외국인과 프리토킹이 가능한 수준이었다. 그의 스토리는 여기서 멈추지 않는다. 그는 엄청난 다독가였다. 군대 시절 속독법을 배워 한 달에 최소 30권 이상씩 독서하며 자기계발을 했다. 대화를 해보면 박학다식하다는 것을 느낄 수 있는 친구였다.

그는 지금 그 회사를 다니지 않는다. 퇴사 후 본인의 적성을 찾아 대학생들이 가장 가고 싶은 대기업 중 한 곳에 합격했다. 운이 좋은 것이 아니라 회사에서 뽑을 수밖에 없는 취업고수였.

겉으로 볼 때에는 요행처럼 보이나 이면에 진정한 노력이 있었던 사례를 소개한다. 보험회사의 각 지점에는 20~30명의 설계사가 있는데 그중 1~2명은 억대연봉으로 소위 말하는 에이스다. 에이스들은 주변 지인들로부터 소개도 자주 들어오고, 생각지도 않은 계약들이 생기기도 한다. 옆에서 보면 쉽게 계약을 따내는 것 같지만, 절대 그렇지 않다. 꾸준히 고객의 경조사를 챙기며 고객 관리를 하는 것은 물론, 고객의 보험청구 및 일이 발생하면 한걸음에 달려가 도움을 주곤 했다. 전문가의 모습을 보이기 위해 외모에 대해 아낌없이 투자하고, 보험공부도 열심히 한다.

피카소의 유명한 일화가 있다. 피카소는 어느 날 자신의 팬이라는 한 여인을 만났다. 그림을 그려달라는 그녀의 부탁에 흔쾌히 그려주자, 여인이 놀라며 물었다. "세상에나, 30초 만에 그림을 그리다니 대단해요!" 그러자 피카소는 말했다. "부인, 나는 30초 만에 그림을 그릴 수 있을 때까지 30년이 걸렸소."

 남들은 뭔가 쉽게 되는 것 같지만 거기까지 가는 데 보이지 않는 노력이 있었다는 것을 알아야 한다.

2장

회사가 뽑는 인재는 뭐가 다를까?

01
취업고수들의
1% 비밀

2군데 이상의 기업에 최종합격해 어디를 택할지 행복한 고민을 하는 사람들이 있다. 그들은 퇴사를 하더라도 1년 안에 본인이 원하는 회사와 직무에 재취업하는 능력을 보인다. 영화에서나 볼 수 있는 가상의 인물이 아닌 바로 우리 주변에 있는 사람들이다. 만약 내가 퇴사를 하지 않고 재취업을 경험하지 않았다면 나도 이런 사람들을 많이 만나지 못했을 것이다. 나는 이직을 하며 여러 회사에서 근무경력이 있는 사람들을 만날 수 있었고 그들과 대화하며 직업에 대한 시야를 넓힐 수 있었다. 여기서 소개하고 싶은 사례는 경력자들의 이야기다. 나는 대기업 경력자들의 스토리에 좀 더 귀를 기울였고 그 결과 취업고수들의 2가지 공통점을 발견할 수 있었다.

먼저 취업고수들은 남들과 차별화된 브랜드를 가지고 있다. 이런 브랜드는 곧 경쟁력이다. 취업고수들은 하나같이 퍼스널 브랜드라는 강력한 무기를 가지고 있다. 또 이 브랜드라는 무기는 취업 후에도 유용하게 쓰일 때가 많다. 회사가 브랜드를 지닌 인재를 선호한다고 탓할 수 없다. 취업준비생도 유명한 브랜드를 지닌 회사를 선호하지 않는가.

브랜드의 힘을 나타내는 사례를 소개한다. 버진 그룹의 창업자이자 회장인 리처드 브랜슨은 처음 회사 이름을 등록할 때 이름이 너무 야해서 주변의 숱한 반대의견을 들어야 했다. 리처드 브랜슨은 '숫처녀'를 뜻하는 '버진'으로 회사 이름을 정한 이유를 이렇게 설명했다. "비즈니스에서 처녀나 다름없는 우리의 순수한 상태를 의미한다."

리처드 브랜슨은 회사 인수를 통한 사업 확장이 아닌 비즈니스 밑바닥부터 시작해 고객에게 행복을 주는 브랜드를 추구했다. 초창기에는 이름으로 인해 소송이 들어와 많은 비용이 들었지만 결국에는 기업을 알리는 계기가 됐다. 지금은 항공, 철도, 모바일, 건강, 금융, 환경, 스포츠 분야뿐 아니라 우주관광 상품을 개발하며 대대적인 투자를 하고 있다.

한국뿐 아니라 전 세계에서 가장 인기가 많은 커피전문점 스타벅스의 로고를 보면 뉴욕 한가운데서 팝 음악을 들으며 커피를 즐기는 자신의 모습이 그려진다. 브랜드의 힘이다. 기업 브랜드는 고객들에게 이미지, 철학 등을 전달하는 중요한 수단이다. 개인 브랜드도 마찬가지이다. 스타크래프트 하면 임요환이, 컴퓨터

백신 하면 안철수가 떠오르고, 윈도우 화면을 보면 빌 게이츠가 연상되는 것도 개인 브랜드의 힘이다.

취업고수들은 하나같이 퍼스널 브랜드를 통해 호감과 신뢰를 준다. 체대를 나온 친구가 있다. 소위 말해 학벌이 좋은 것도 아니고 토익점수나 특별한 자격증도 없다. 하지만 그는 사소한 경험도 직무와 연결시키고, 약점을 오히려 강점화시켜 퍼스널 브랜드를 구축했다. 스키장에서 아르바이트를 한 적이 있었는데 사소한 경험이라고 생각하지 않고, 다음과 같이 직무와 연결시켜 자신만의 브랜드를 만들었다.

"스키 타는 법을 사람들에게 가르쳤는데, 개인마다 역량 차이가 있었습니다. 저는 강사로서 수백 명의 교육생들의 수준을 빠르게 파악하며, 눈높이 교육을 제공했습니다. 스키는 중간에 배우기를 포기하는 사람들도 많습니다. 저는 그들의 두려움을 없애고, 스키실력이 늘었을 때 누릴 수 있는 행복을 비전으로 제시하며 동기부여를 했습니다."

친구는 짧은 회사생활과 아르바이트 경험을 통해 자신만의 비결과 교훈을 얻었다고 어필했다. 자신만의 브랜드로 만들어 면접관들을 설득했고 결국 최종합격할 수 있었다. 일을 하면서도 자기계발을 멈추지 않고 꾸준히 노력했다. 대기업 본사에서 근무하며 이직했고, 자신의 몸값을 올려갔다. 각 분야에서 최고의 브랜드를 지닌 회사에만 지원을 하고 합격했다. 그는 기업에서 선호하는 전공자도, 다양한 스펙을 갖춘 인재도 아니었지만 자신을 브랜드화시켜 이런 점들을 극복했다.

자신의 브랜드 가치를 자격증으로 올리는 사람도 봤다. 누구나 흔히 갖고 있는 스펙이 아닌 상대적으로 희소한 스펙은 분명 강점이 된다. 예를 들어 전문자격증을 가지고 있는 인재는 나이, 학력에 상관없이 높은 점수를 받는다. 여기서 말하는 자격증은 워드, 한자 등 손쉽게 취득할 수 있는 자격증이 아니다. 세무사, 회계사, 감정평가사 등의 고급자격증은 분명 학력과 나이를 커버하는 요소다.

퍼스널 브랜드와 함께 카리스마는 취업고수들이 가지고 있는 공통적인 특징이다. 카리스마란 '신의 은총'을 뜻하는 그리스 용어인데 독일의 사회학자 베버는 "다른 사람들과는 구분되게 하는 개인의 특징이며, 사람들을 압도하고 믿음이 생기게 하는 힘"이라고 정의했다.

카리스마가 있는 사람들은 자신의 가치관이 확실하고, 사람들에게도 비전을 제시할 줄 안다. 이들은 취업 후에도 성공의 길을 걷는다. 간혹 가치관이 확실하다는 것을 솔직함을 추구하면 되는 걸로 착각하는 사람들이 있다. 모 기업에서 면접을 볼 때였다. 옆에 있는 지원자에게 면접관이 질문을 했다.

"다른 회사에도 합격을 하게 되면 어떡할 생각인가요?"

"어떤 회사냐에 따라서 달라질 것 같습니다."

"만약 그 회사에서 더 많은 연봉을 제시한다면?"

"(잠시 침묵 후) 사실 제가 결혼을 해서 가정을 책임지는 입장입니다. 아무래도 마음이 흔들리지 않을까요? 그 회사에 갈 수도 있을 것 같습니다."

면접관이 했던 질문은 어려운 질문이 아니다. 모범답안이 있는 무난한 질문이었다. 지원자는 자신감과 솔직함을 보였다고 생각할 것이다. 물론 돈은 중요하다. 하지만 회사 입장에서는 드러내 놓고 돈을 중요시하는 지원자는 언제든지 퇴사 및 이직을 할 수 있다고 생각한다. 신입이든 경력사원이든 어렵게 교육을 시켰는데 타 회사로 가버린다면 회사 입장에서는 큰 손실이다. 굳이 이런 위험을 감수할 회사는 없다. 회사가 원하는 인재는 성과를 낼 수 있는 사람이다. 경쟁자보다 성과를 낼 수 있음을 보여줄 수 있는 자신만의 브랜드로 차별성과 희소성을 길러야 한다.

02
회사가 뽑는 인재는
뭐가 다를까?

공채 경쟁률이 높은 대기업에서 모든 지원자들의 자기소개서를 꼼꼼하게 볼 수 있을까? 기본적인 채용단계를 알아보자. 채용을 담당하는 부서가 따로 있고, 담당인원도 정해져 있다. 기업은 기본적인 채용조건을 설정하고, 서류심사를 거쳐 많은 지원자를 떨어뜨린다. 신입사원 50명 모집에 5,000명이 지원했다. 100대 1의 경쟁률이다. 회사에서는 서류합격자를 500명 뽑고 싶다고 하자.

먼저 기본적인 스펙기준을 정해 전산을 돌려 2,500명을 탈락시킨다. 서류필터링을 통과한 2,500명의 지원서가 있다. 인사담당자 3~4명은 지역 및 직무별로 서로에게 적절히 분배를 한다. 그다음부터는 식사시간을 제외하고 자기소개서에 집중한다. 절대 자기소개서를 다 읽지 않는다. 한 소개서당 1분도 걸리지 않는다.

1~2주일이 걸려 500명 정도 서류합격자를 뽑는다. 간혹 자기소개서에 다른 회사 이름을 써도 서류심사에서 합격한 이유는 인사담당자도 사람이다 보니 놓치는 경우이다.

　필기시험을 통해 500명 중 20%인 100명을 탈락시킨다. 시험에 합격한 인원은 400명이고 경쟁률은 8대 1이다. 1차 실무진 면접에서 60%가 넘는 250명을 탈락시킨다. 이때 실무진들은 지원자의 점수 및 등급을 적는다. 평가 내용이 적힌 서류는 그대로 임원면접에 제출된다. 최종면접을 보는 인원은 150명이다. 이제 3대 1의 경정률이다. 진짜 시작은 최종면접이다. 1차 면접에서는 구멍이 있을 수 있지만 최종면접에선 뒤처지는 사람을 잘 볼 수 없다. 한 조마다 6명씩 들어가 면접을 본다. 같은 조에 속한 사람들의 지원 지역이나 직무는 동일한 경우가 많다. 함께 들어가는 6명 중 평균적으로 2명이 합격한다. 모 대기업의 채용프로세스지만, 대부분의 기업이 이와 크게 다르지 않다.

　3군데의 대기업에 근무하며 나는 회사마다 고유의 문화와 분위기가 있다는 것을 느꼈다. 회사를 다니려면 자연스럽게 그 문화에 물들어야 한다. 스펙 순으로 채용이 된다면 엄청난 비용을 지출하며 면접을 볼 필요가 없다. 학벌로 줄을 세워 점수를 매기고 눈, 코, 입이 있는지 사진을 보면 끝이 아닌가? 눈에 보이는 스펙이 아닌 보이지 않는 무언가를 찾기 위해 면접을 보는 것이다. 그 무언가란 회사의 가치관에 잘 맞는 사람인지, 조직문화에 잘 적응하며 성과를 낼 수 있는지 등 다양할 것이다. 이런 부분들은 서류만으로 파악할 수가 없기 때문에 면접을 보는 것이다.

한 금융그룹에서 1차 면접을 볼 때였다. 그 기업은 이미 채용공고가 마감된 걸로 알고 있었는데 다시 채용을 진행해 의아했다. 다대일의 실무진 면접은 좋은 느낌으로 흘러갔다. 면접이 끝날 때쯤 한 면접관이 이런 질문을 했다. "혹시 짐을 옮기거나 복사를 해오라는 등 이런 잡다한 업무도 할 수 있겠나?" 알고 보니 그전에 괜찮은 학벌의 신입사원이 들어왔는데 잡일을 하는 것에 불만을 품고 퇴사한 것이었다.

회사에서는 함께 일하고 싶은 사람을 뽑는다. 공부 잘하는 사람을 뽑는 것이 아니다. 똑똑함이 강점이 될 수는 있지만, 똑똑하기만 한 인재는 절대 선호하지 않는다. 학생일 때는 혼자서 공부만 잘하면 큰 문제가 없다. 모르는 것이 있을 땐 선생님이나 교수님께 물어보면 해결됐다. 하지만 회사는 학교가 아니다. 서로 협조하며 업무처리를 하고, 소통을 해야 한다. 자신이 맡은 일을 제대로 처리하지 못한다면 처음 한두 번은 넘어갈 수 있지만, 반복되다 보면 자신에 대한 편견과 부정적인 이미지로 굳어질 수 있다. 회사 입장에서는 그런 사람들을 무능력자로 평가할 확률이 높다. 그런 무능력자 유형을 피하고 유능한 인재를 뽑고 싶은 것이 회사의 목표라면 지원자 입장에서는 자신의 능력을 잘 발휘하며 적응하는 데 문제가 있는 요소를 최대한 줄이는 것이 목표라고 할 수 있겠다.

많은 직장인들이 퇴사 이유를 높은 업무강도라고 말하지만, 인간관계가 진짜 이유인 경우가 많다. 직장 내에 사람들 간의 갈등은 항상 존재한다. 면접관들은 직장 내 인간관계로 인해 스트레스를 받은 경험들이 있다. 그렇기 때문에 자신과 함께 일할 때 편안한 사람을 선호하는 것이다. 당신이 면접관이라도 크게 다르지 않을 것이다. 어떤 면접관은 면접을 볼 때 이 사람과 카페에서 2시간 동안 단둘이 이야기하는 것을 상상한다고 했다.

"그 지원자와 커피를 마시며 대화한다고 했을 때 딱히 할 말이 떠오르지 않거나 대화하고 싶은 생각이 들지 않는 사람은 좋은 점수를 주지 않습니다."

당신이 취업준비생 때 나름 잘나갔더라도 회사에 들어가게 되면 신입사원일 뿐이다. 회사입장에서는 아직 아무런 성과도 내지 못하는, 있으나 없으나 차이가 없는 사람이다. 첫날 환영회 이후 존재감도 없다. 밑바닥부터 일을 배운다는 마음가짐을 가져야 한다. 새로운 문화에 적응도 하고, 상사들의 비위를 맞춰야 한다. 대한민국 회사는 그렇다. 회사에서는 개념이라고 표현한다. 군대를 전역한 남성이라면 어떤 느낌인지 대충 알 것이다. 개념 있는 사람을 선호하고, 그런 생각을 지닌 상사들이 채용과정에서 당신을 평가한다.

회사에서 선호하는 인재는 냉혹한 정글에서도 살아남을 수 있는 지원자이다. 회사를 다니면서 내가 지금 있는 곳이 무서운 정글이라는 것을 깨달은 적이 있었다. 연차가 조금 차이 나는 상사와 단둘이 식사를 했다. 맛있는 한우를 먹으며 훈훈한 분위기가 이어졌다. 회사일뿐만 아니라 개인적인 일까지 자연스럽게 대화를 나눴다. 즐겁게 자리를 마치고 며칠이 지났는데 다른 상사와 통화 중에 놀랄만한 이야기를 들었다.

"혹시 전에 식사하면서 지점 실적이 힘들다고 했니?"

"네? 그게 무슨 말이에요?"

"아니, 지점 체력이 약해서 이미 한계에 왔다는 말, 윗사람들은 그런 약한 소리를 듣기 싫어해. 나한테는 상관없지만, 그런 이야기를 하게 되면 주 지점장한테 결코 좋지 않아."

그날 식사를 하면서 지나가는 말투로 "지점 체력이 약해 힘들지만 최선을 다해보겠습니다"라는 식의 말을 하긴 했다. 큰 의미를 두지 않은 한마디가 내 직속상사에게 들어갔고, 그 이야기를 들은 직속상사는 나에 대한 비난을 쏟아냈다고 했다. 그 이야기를 나와 통화를 한 다른 상사가 전해주는 것이었다. 상사에게 약한 소리를 하거나 속내를 비치는 것은 나도 싫어하지만 단둘의 식사라는 특수한 상황에 편하게 한 이야기였는데 부메랑이 되어 돌아온 것이었다. 회사에서는 어떤 말도 조심해야 한다. 내 실수는 개념 없는 행동으로 평가받았다.

소개한 사례가 아니더라도 회사는 잠깐만 방심해도 공격받는 정글이다. 이런 곳에서 최소 10년 이상을 버틴 사람들이 지원자들을 평가하는 것이다. 면접관들이 선호하는 인재는 함께 일하고 싶은 '개념 있는' 사람임을 명심하자.

금융권에 근무하며 설계사 채용을 위해 수백 명을 만나고 면담을 했다. 기업 공채의 면접과 엄연히 다르지만, 함께 일하고 싶은 사람을 찾는 것은 동일했다. 나중에는 사람을 만나면 굳이 대화를 해보지 않아도 '이 사람은 어떤 사람이겠구나'라는 평가를 머릿속에서 끝낸다. 처음 30초 안에 결정된 첫인상은 30분을 넘게 대화해도 거의 달라지지 않았다. 면접을 진행해보면 회사에 대한 불평불만을 토로하거나, 영업을 못할 것 같은 문제들만 부각시키는 사람들이 있다. 보험 및 카드 영업은 생존율이 무척 낮고 힘든 분야다. 하물며 시작 전부터 이런 마인드를 가진 사람은 함께 일하고 싶지 않을 뿐더러 설령 일하더라도 오래가지 못한다.
　반면에 함께 일하고 싶은 사람은 자신의 약점을 강점으로 포장하며 근거를 제시하는 유형이다. 이런 사람들은 내부적인 기준으로 채용이 어렵더라도 본사에 요청해 특별 채용을 했다. 나이 어린 남성 지원자의 면접을 본 적이 있다. 지원자에게 나이가 어려 지인들도 아직 돈을 벌지 않을 확률이 높아 지인영업이 힘들다고 지적을 하자, 돈을 벌고 있지 않기 때문에 아직 보험에 가입하지 않았을 확률이 높고, 지인영업이 아닌 개척영업에 의존하고 싶다고 답했다. 회사는 문제가 생길 경우 불평만 하는 것이 아니라 대안을 제시할 줄 아는 사람을 선호한다. 업무를 수행하면서 순탄하게 흘러가면 좋겠지만, 예상치 못한 문제는 반드시 생기게 마련이다. 이럴 때마다 해법을 제시할 수 있는 사람을 당연히 선호하지 않겠는가?

03
취업, 제대로 이해하고 준비하라

'묻지 마 지원'의 느낌을 주는 자기소개서는 휴지통으로 직행할 확률이 높다. 회사의 이름만 바꿔서 지원하는 것을 어떻게 알 수 있을까? 어떤 인사담당자는 기업 이름을 바꾸어 읽어봐도 별 문제가 없는 걸로 가려낸다고 한다. 이런 방법이 아니더라도 기업정보에 대해서 잘 모르거나 이해가 부족한 지원자를 인사담당자는 절대 놓치지 않는다. 심지어 회사 이름을 경쟁사로 잘못 쓰게 되면 어떻게 될까? 만약 본인이 그런 실수를 했다는 것을 면접 직전에 알았다면 어떻게 할 것인가?

실제로 그런 안타까운 경우를 봤다. 한 기업에서 면접을 마치고 돌아가려는데 낯익은 얼굴이 보였다. 면접을 기다리는 같은 과 후배였다. 반갑게 인사를 하고, 면접 때 나왔던 질문들을 공유해 주었다. 후배는 팁을 받고도 얼굴에 수심이 가득했다.

"왜 그래? 자신감을 가지고 봐. 같이 합격하자."
"형, 큰일 났어요……."
"무슨 일 있니?"
"회사 이름을 잘못 적었어요."

후태는 면접 보는 회사의 자기소개서를 가지고 있었다. 경쟁사 회사경이 자기소개서 윗줄에서 위용을 뽐내고 있었다. 눈에 확실히 띄는 위치였다. 자신의 실수를 면접장에 와서 확인한 것이다. 훗날 후배랑 다시 통화를 했다. 회사 이름을 잘못 적은 걸 확인한 면접관의 차가운 한마디 이후 추가질문은 없었다고 했다.

"우리 회사엔 왜 왔어요? 그 회사로 가세요."

안타까운 실수는 누구나 경험이 있을 것이다. 자기소개서에 치명적인 오타가 있거나 최종저장을 깜빡해 미완성된 채로 지원한 경우 등 말이다. 단순한 실수지만 취업에서는 합격과 불합격을 가르는 요소가 될 수 있다. 최선의 길을 위해 정신을 집중하는 것은 당연하다.

또한 많은 사람들이 조금 익숙해져버린 생활에 다른 큰 고통들을 참아버린다. 본인 스스로 잘못된 취업을 했다고 생각하면서도 그대로 버티며 몸담고 있다. 그런 사람들의 심리를 경제학에서는 매몰비용 효과라고 한다.

어떤 사람이 15만원을 내고, 3개월의 헬스 회원권을 끊었다. 운동을 열심히 하다가 한 달 후에 어깨에 심한 통증이 생겼다. 무거운 것을 들기 너무 힘이 들었지만 돈을 낸 것이 아까워 억지로 다니다가 어깨를 아예 쓸 수 없을 정도가 되어서야 헬스장을 나가지 않았다. 우리는 주변에서 이런 매몰비용에 집착하는 것을 흔히 볼 수 있다. 경제학적으로 살펴보면 매몰비용을 버리는 것이 합리적인데도 말이다. 취업에서도 마찬가지다. 더 이상 취업하지 못할 것이라는 두려움과 경제적 이유 때문에도 쉽게 퇴사와 이직을 결정하지 못한다. 1년만 채우면 나오는 퇴직금을 받기 위해 참고 다닌다. 물론 한 달 월급 정도의 퇴직금이 적은 돈은 아니다. 문제는 그런 사람일수록 이직을 위해 노력하지 않는다는 것이다.

직장에 들어가면 대부분의 사람들이 후회를 한다. 특히 기업에 대한 확실한 이해 없이 입사를 하게 되면 어이없는 타이밍에 퇴사를 하거나, 직장생활에 후회가 떠나지 않는다. 당신이라고 예외일 수 없다. 마음이 조급할수록 여러 가지 가능성을 열어두고 철저한 준비가 필요하다. 이런 고민 없이 잘못된 길을 가다가 결국에는 큰 후회를 하는 사람들이 많다. 취업에 관한 계획을 실행하기 전, 철저한 준비가 필요한 이유이다.

요즘처럼 공무원의 열기가 뜨거웠던 시기는 없을 것이다. 공무원 시험이나 임용고시를 준비했지만 실패해 시간과 돈을 버리는 안타까운 경우들을 소개한다. 한 친구는 사범대 출신은 아니었지만 우수한 학부성적으로 교직이수를 신청했고 교생실습을 하며 교사의 꿈을 갖게 됐다. 임용고시 학원에서도 선생님이라는 호칭을 들으며 교사에 대한 희망을 가졌다. 그러나 임용고시 시험은 만만치 않았다. 친구는 첫 시험에서 낙방했고 내년을 기약하며 다시 도전했다.

자신이 부족한 부분들을 집중적으로 공부하며 모의고사도 치르고 열심히 준비했다. 1년 후 다시 치른 임용고시, 결과는 또 낙방이었다. 2년이 허비되었지만, 지금까지 투자한 시간과 돈이 아까웠다. 마지막이라고 생각하며 다시 도전했다. 현실은 냉정했다. 세 번째 시험에도 떨어지고 말았다. 임용고시뿐만 아니라 공무원 시험도 마찬가지다. 누구나 합격을 생각하며 도전하지만, 떨어질 경우에 대비해 철저한 계획을 세우지 않는다. 기업공채보다도 플랜 B가 필요한 분야인데 말이다.

공무원 시험에 떨어졌다고 해서 취업이 안 되리란 법은 없다. 임용고시나 공무원시험을 오랫동안 준비해서 안 된 사람들의 경우 자존감이 낮아져 다른 직종에 도전하지 않으려는 경향이 강하다. 절대 포기하지 않길 바란다. 공무원 시험에 떨어져도 공기업이나 대기업에 지원할 수 있다. 1군데의 기업에만 지원해야 되는 것도 아니다. 떨어지면 1년을 기다려야 하는 것도 아니다.

회사에서 친했던 여자동기의 사례이다. 임용고시를 준비하다가 대기업에 합격한 친구였다. 여자의 경우 대기업 공채로 들어가기가 결코 쉽지 않다. 기업에서는 여전히 여성보다 남성을 더 선호한다. 기업의 최종합격자를 봐도 특수한 직무가 아닌 이상 여성보다 남성이 더 많다. 여성의 경우 군대를 가지 않기 때문에 신입사원 나이를 보면 남성보다 어린 경우가 많다. 그 친구는 나랑 동갑임에도 불구하고 당당히 합격했다. 임용고시를 준비하기 전부터 플랜 B로 기업 공채를 생각했고, 기회가 왔을 때 과감히 도전한 것이다.

취업준비생에게 가장 중요한 것은 당연히 취업이다. 여행을 가고 연애를 하는 것도 중요하지만, 궁극적인 목표는 취업이다. 취업을 제대로 이해하고 준비하는 것은 자신의 상황에 맞게 전략을 세워 후회를 남기지 않는 것이다. 자신이 가고자 하는 분야에 대한 철저한 분석은 기본이다. 실패할 가능성을 생각해 플랜 B를 세우는 것도 필수이다. 플랜 B는 언제든지 플랜 A가 될 수 있다.

04
인생의
확실한 비전을 세워라

 '생각대로 살지 않으면 사는 대로 생각하게 된다'는 유명한 말이 있다. 생각이 행동을 지배하게 되고, 행동이 습관이 된다. 지금 비전이 없는데, 시간이 흐른다고 갑자기 생기지 않는다. 오직 오늘만을 위해 정신없이 보낼 확률이 높다. 보험 및 카드 영업을 희망하는 사람들은 보통 30~40대가 많다. 설계사에 입사하려면 지원서를 작성해야 한다. 자기소개 관련 간단한 서류를 작성하는 데 1년, 5년, 10년 후 원하는 목표를 적는 곳이 있다. 수백 명에게 서류를 직접 받아봤다. 놀라웠던 것은 10명 중 1~2명을 제외하고 목표를 적는 것을 고민하거나 심지어 한 줄도 적지 못하는 사람이 많다는 것이었다. 평소 생각을 하지 않다가 갑자기 물어보면 당황할 수도 있다. 하지만 시간을 줘도 적지 못하는 사람들이 태반이었다. 나는 그날 처음 본 사람들의 삶의 목표까지 직접 코칭해줘야만 했다. 보험업계에 있을 때 신입 10명이 입사하면 통계적으로 1명도 살아남기 힘들었는데, 지금 생각해보면 당연한 현상이었다. 본인 인생의 비전도, 목표도 없는 상황에서 고객들의 재무관리를 하려니 당연히 힘들 수밖에 없지 않겠는가.

《타임지》에서 20세기 가장 영향력 있는 인물로 패션 디자이너 가운데 유일하게 선정된 가브리엘 샤넬은 미혼모의 딸로 태어나, 12살에 어머니가 세상을 떠난 후 고아원에서 자랐다. 처음에는 여가수를 꿈꿨지만, 성공이 보이지 않자 포기했다. 1910년 파리에 여성용 모자가게를 차린 것으로 그녀의 디자이너 인생은 시작됐다. 그녀는 땅에 닿는 긴 치마를 무릎까지 올리거나, 손가방에 끈을 달아 어깨에 메는 패션을 선보였다. 당시에는 파격적인 것이었다. 1920년대에 '리틀 블랙 드레스'를 선보였는데 깃과 단추가 없는 이 스타일은 오늘날까지 전설로 평가받고 있다.

"나의 부티크, 그것이 나의 아이였다. 나는 사랑을 원했다. 그러나 사랑하는 남성과 사랑하는 의상 가운데 하나를 선택해야 했다. 나는 의상을 선택했다."

샤넬은 수많은 남자친구가 있었지만, 결혼은 하지 않았다. 그녀는 자신의 확실한 비전을 가지고 디자이너의 길을 간 것이다.

취업준비생과 직장인들에게 비전은 중요하다. 비전이 있는 사람과 없는 사람 사이에는 확실한 차이가 있다. 비전을 갖지 않는 사람은 이미 늦었다고 생각하거나 본인의 한계를 스스로 정한 사람일 확률이 크다. 아니면 주변에 영향을 받을 만한 사람이 없어서일 수도 있다. KBS 〈명견만리〉에서 4차 산업에 관한 주제의 강연을 들으러 간 적이 있었다. 강사였던 숙명여자대학교 이지선 교수는 인상 깊은 한마디를 했다.

"모차르트는 천재가 아닐 수 있습니다. 3살부터 피아노를 쳤다는 일화가 있지만, 인터넷 검색을 해보세요. 비슷한 연령대에 피아노를 잘 치는 아이들이 참 많습니다. 당시 모차르트의 아버지는 유럽 전역을 돌아다녔습니다. 자연스럽게 모차르트의 음악적 재능을 키워줄 수 있는 비전을 접할 수 있지 않았을까요?"

몽골제국을 건설한 칭기즈칸에게 비전이 없었다면 양치기에 불과했을 것이다. 샤넬 또한 동네의 작은 옷가게 사장에 머물렀을 것이다. 양치기와 옷가게 사장을 폄하하는 것이 아니다. 비전을 통해 더 큰 가능성을 꿈꿀 수 있다는 것이다. 미래의 모습을 그려보고 노력하는 힘을 줄 수 있는 것이 비전의 힘이다.

고등학교 때부터 기자가 되고 싶었던 대학교 4학년 여대생의 사례를 소개한다. 고등학교 때 직업에 비전이 있었다면 상대적으로 일찍 가진 편이다. 그녀는 대학교 1학년 때부터 학생기자 및 언론사 인턴 등에 집중적인 시간을 투자했는데 이 과정에서 기자라는 직업에 크게 실망을 했다. 밖에서 보는 것과 달리 무척 힘들었으며, 현직자와의 한 면담에서는 차라리 다른 일을 찾으라는 이야기까지 들었다는 것이다. 그녀는 대학원으로 진학할지, 다른 진로를 선택할지 고민이라고 했다.

나는 이 여대생의 미래를 밝게 본다. 대다수의 대학생들과 달리 이 학생은 인생의 확실한 비전을 가지고 있었다. 기자에 대한 간절한 비전은 에너지를 발생해 관련 있는 활동들을 할 수 있는 기회를 주었다. 대학생 기자, 언론 인턴 등 간접적으로 자신이 가게 될 길을 미리 경험해 본 것이다. 문제점에 대해 미리 알고 고민하고 '왜?'라는 질문을 한다면 자신의 비전을 위해 어떤 직업을 선택해야 할지 더더욱 명확해지는 것이다. 어떤 길을 가게 될 것이라고 100% 장담할 수는 없다. 한 가지 확실한 건 만약 그녀가 기자의 길을 포기하더라도 자신이 진정 원하는 길을 찾을 확률이 높다는 것이다. 자신의 미래에 대한 고민과 비전이 없다면 어떤 일도 할 수 없다. 인생에 대한 확실한 비전이 없어 공무원 시험만 두 번을 합격하고, 두 번 다 퇴사를 할 수도 있다. 내가 아는 사람 가운데 실제로 그런 사람이 있었다.

그럼 인생의 확실한 비전은 어떻게 가질 수 있을까? 취업도 힘든데 무슨 비전 타령이냐면서 일단 취업부터 하고 비전인지 뭔지는 나중에 찾자고 말하는 사람도 있을 것이다. 나도 취업준비생 시절에는 뚜렷한 비전이 없었다. 막연하게 금융권 취업만을 생각했다. 모든 연락을 끊고 취업만 준비했다. 당시의 노력과 고생은 금융권 취업을 통해 반드시 보상받으리라고 생각했다. 취업 후 계획에 대해서는 생각하지 않았고, 필요성도 느끼지 못했다.

첫 회사에 취업 후 실수령액으로 300만원을 조금 넘게 받았다.

1원도 저축하지 않고 열심히 카드를 긁었다. 취업을 준비하며 쌓인 노력과 스트레스에 대한 보상심리로 당연하게 생각했다. 직장에 아무런 비전을 가지지 않았고, 자기계발은 당연히 하지 않았다. 주말에는 무기력하게 잠만 자며 보냈다. 별 의미 없이 주말을 보내고 나면 묘한 죄책감이 들었다. 정신없이 1년이 지났다. 이런 생활을 반복하다 보니 회사를 다니면서도 불안했다. 무엇을 해야 할지 몰랐다. 문득 이런 생각이 들었다. '나는 지금 뭘 하고 있는 걸까?' 당신이 만약 직장인이라면 공감할 것이고, 취업준비생이라면 나는 저렇게 살지 않을 것이라고 생각할지도 모른다. 취업 전후로 저렇게 달라진 이유는 무엇일까? 바로 내 자신에게 비전을 주지 못한 것이다.

학생 때는 금융권 취업이라는 목표달성을 향해 달려갔다. 모든 즐거움을 포기하고 오직 취업에만 매달렸다. 그 목표를 달성하게 되자, 내 열정도 함께 끝나버린 것이다. 나는 직장생활을 하며 대부분의 사람들이 나와 비슷한 생활을 하는 것을 확인했다. 하루살이처럼 회사를 다니며 매월 급여 날만을 손꼽아 기다린다. 월요병에 괴로워하고, 사표를 항상 가슴속에 품고 있다.

나는 동기 중에서 여전히 입사 전의 열정을 가지고 있는 사람을 물색했다. 딱 한 명 있었다. 그는 직업을 사랑했고 보험회사 지점장이라는 비전을 가지고 있었다. 어떻게 하면 설계사들의 소득을 올리고, 영업의 방향을 제안할 수 있을지 고민했다. 그 동기에게는 여유가 없었다. 불평불만을 할 여유 말이다. 그의 고민은 항상 일에 있었다. 지금은 본부장이라는 직책을 수행하며 승승장구하고 있다.

나는 늦게나마 비전을 가지고 공부를 시작하며 이직에 도전했다. 일을 하며 비전을 찾지 못했던 내게 이직은 어찌 보면 불가피한 선택이었다. 만약 취업준비생 때 확실한 비전을 세웠다면 좀 더 빨리 전력투구했을 것이다.

성공적인 취업을 위해 비전을 세워라. 입사 직전에 갖는 것도 빠른 것은 아니다. 지금이라도 꾸준히 고민하고 노력해 당신만의 비전을 찾길 바란다.

05
연봉만을 바라보며 취업하지 않는다

　　《클라우스 슈밥의 제4차 산업혁명》의 저자 클라우스 슈밥에 따르면 제4차 산업혁명은 이미 시작됐다고 한다. 4차 산업의 속도는 기하급수적이며, 노동력의 위기로 이어질 수 있다고 경고했다. 기업은 비용을 줄이기 위해 힘쓴다. 기업이 새로운 노동의 용도보다 노동을 절약하는 법을 더 빨리 찾아내려고 하는 결과였다. 가까운 미래에 보험판매원, 텔레마케터, 스포츠 심판 등의 여러 직업들이 사라질 것으로 전망하고 있다. 반면에 온라인 마케터, 스마트 금융, AI 같은 분야는 떠오르는 직업으로 평가받는다. 내가 취업할 곳이 4차 산업으로 인해 당장 사라지지는 않겠지만, 이런 격변의 소용돌이에 살면서 무작정 연봉만을 가장 우선순위로 두는 것은 현명한 판단일까?

모든 직장인들은 한 달에 한 번, 힘든 직장생활에서 활력을 얻는다. 월 최소 20일의 업무일 중에서 월급날 단 하루를 보며 사는 직장인들도 많다. 극단적인 표현 같지만 대부분의 직장인들이 공감하며 겪고 있는 상황이다. 취업을 결정할 때 어떤 것에 가치를 둘지 신중하게 고민해야 한다. 그에 따라 지원하는 업계, 직장 등이 결정된다. 다만 기업 선택의 기준이 연봉이 되는 것은 추천하고 싶지 않다. 본인의 적성에 맞고 원하는 곳이 연봉도 높은 경우는 신의 축복이다. 하지만 적성과 상관없이 단순히 연봉이 높다는 이유만으로 직장을 선택한다는 것은 위험한 일이다.

연봉이 가장 중요하다고 생각하는 사람들은 "어차피 회사의 노예로 살아야 한다면 돈이라도 많이 받는 곳에서 일하겠다"고 생각한다. 반대로 일도 적성에 맞고, 업무 스트레스도 적당한데 연봉이 너무 적다고 한탄하는 중소기업 현직자들도 많다. 이런 논쟁에서 빠질 수 없는 비교가 있다. 만약 대기업과 9급 공무원에 동시에 합격한다면 무엇을 선택할 것인가이다. 2018년 9급 공무원의 일반직 1호봉의 월급은 세전 약 156만 원이다. 대기업은 고사하고 최저임금보다도 훨씬 적은 급여에도 불구하고, 업무강도가 비교적 낮고 근속연수가 안정적이라는 이유로 많은 청년들이 공무원에 도전한다.

대기업의 경우 공무원에 비해 꽤 높은 급여를 누릴 수 있다. 신입사원으로 비교해도 매월 실 수령액이 2배 이상 차이가 날 것이다. 이외에 성과급, 복지비 등 공무원보다 풍족한 보상을 받는다.

그만큼 업무강도와 스트레스는 많고 근속도 안정적이지 않다.

연봉이 많은 곳이 힘들다는 공식이 꼭 대기업에만 적용되는 것이 아니다. 예전에 다니던 회사에서 간호사를 하다가 경력직으로 이직한 사람이 있었다. 이름을 들으면 누구나 아는 대학병원이었고, 대기업 못지않은 연봉인 만큼 들어가기도 쉽지 않은 곳이었다. 간호사라면 누구나 가고 싶어 할 곳에서 퇴사를 한 이유가 궁금했다. 그녀는 이런 질문을 많이 받은 것처럼 일목요연하게 대답했다.

"업무강도가 너무 강해 스트레스를 많이 받았습니다. 환자한테 멱살을 잡히고 욕설을 들으면서까지 이 일을 해야 되나 싶었습니다."

전문직이라고 하는 간호사의 생활도 비슷하다는 것에 놀랐다. 한편으론 연봉을 많이 주면 그만한 대가가 따른다는 것을 다시 한 번 확인할 수 있었다.

그럼 다른 일자리는 어떨까? 설계사 채용을 위해 20대에서 50대까지 다양한 연령층에서 다양한 직업군의 사람들을 만났다. 그들 가운데는 직장에서의 퇴사 및 사업에 실패한 사람들도 많았다. 그들과 대화를 하면 전에 했던 일의 좋은 점보다 안 좋은 점들에 관해 주로 이야기를 했다.

편의점을 운영하다 온 40대 남성이 있었다. 상대적으로 손쉽게 시작할 수 있고, 장사가 잘 되는 편의점을 보니 '나도 할 수 있겠다'는 생각이 들었다고 한다. 그러나 막상 해보니 생각만큼 수익은 나지 않았고, 아르바이트생은 자주 그만뒀다. 사람이 바로 구해지지 않으면 본인이 직접 근무를 해야 했다. 나중에는 아르바이트생을 기용할 수 없을 만큼 수익이 악화되어 본인이 매일 근무를 해야 했다. 몇 달 동안 감옥 같은 생활을 했고, 다시는 경험하고 싶지 않다고 했다.

나는 이 사람뿐만 아니라 사업에 실패한 사람들의 공통점을 한 가지 발견했다. 어떤 일이든 처음 시작할 때 돈만을 바라보고 들어간 경우 100% 실패했다는 것이다. 충분한 시장조사와 경쟁력을 갖추고 준비를 했던 사람은 거의 없었다. 직장에 들어갈 때도 마찬가지다. 취업해서 돈은 벌고 싶지만, 취업 후의 철저한 계획을 세울 여유도, 의지도 없는 사람들이 많다.

베스트셀러 《지적대화를 위한 넓고 얕은 지식》 시리즈의 저자 채사장의 세 번째 저서인 《시민의 교양》에서는 오늘날의 직업에 대해 냉정하게 정의한다. 자신이 좋아하거나 잘하는 일을 선택할 수 있었던 운 좋은 사람들도 있지만, 산업화 이후 직업과 노동에서 보람과 성취를 느끼기 어렵다는 것이다. 우리가 보상받을 수 있는 것은 오직 임금뿐이라는 것이다. 실제로 대부분의 직장인들이 보람과 성취를 느끼지 못하는 것은 맞다. 중요한 것은 책에서도 명시했듯이 운이 좋은 사람들은 자신의 적성에 맞는 일을 선택했다는 것이다. 그럴 경우 연봉이 적더라도 충분히 감수하며 나름 즐겁게 회사를 다니는 사람도 있다.

물론 회사생활을 할 때 연봉은 무시할 수 없는 요소다. 나도 직장생활을 하며 급여를 받을 때마다 행복을 느꼈다. 직장생활에서 힘든 순간이 올 때마다 통장잔고를 생각하며 참고 견뎠다. 명절 전후로 주어지는 선물 및 성과급과 반기별로 제공되는 복지카드 등이 매력적인 것도 사실이다. 중요한 건 이런 점들이 미래를 보장해주지는 않는다는 것이다. 많은 직장인들이 당장 받는 월급과 복지에 취해 회사를 다닌다. 아무런 보람과 성취를 느끼지 못한 채 40대가 되면 퇴직의 기로에 선다. 연봉만을 중요시하며 기업을 선택할 경우 이런 수순을 밟을 확률이 높다. 이런 의미에서 아직 취업준비생인 당신에겐 좋은 기회이다. 취업하기 전 미리 준비할 수 있기 때문이다.

06 회사의 입장에서 생각하라

진시황이 천하통일을 위해 반드시 필요하다고 한 인물이 있다. 중국의 유명한 사상가 한비자다.《한비자》의 〈세난〉편에서는 설득에 관해 예리한 통찰력을 지닌 그의 사상을 찾아볼 수 있다.

"군주가 명예를 중요시하는 데 실리로 설득하면 천박하다고 여겨져 홀대받고 나아가 쫓겨날 것이다. 실리를 추구하는 데 명예로 설득하면 세상 물정을 모른다고 판단할 것이다."

춘추전국시대에는 많은 사상가들이 각 나라의 제후들을 만나 자신의 사상을 피력했다. 지금으로 치면 왕이란 고객에게 자신의 가치와 브랜드를 홍보하고 영업을 한 것이다. 취업준비생도 왜 자신을 채용해야 하는지 회사를 설득해야 한다. 회사의 입장에서 생각하며 회사가 원하는 것이 무엇인지 파악해야 한다.

사실 취업준비생의 입장에서 회사가 무엇을 원하는지 알기란 쉽지 않다. 회사 홈페이지, 취업 커뮤니티 등을 통해서 간접적인 정보를 얻는 수준이다. 직장생활을 해본 결과 이런 정보는 형식적이거나 크게 중요하지 않은 것들이 많다. 회사는 수익창출이 최우선이다. 예를 들어 숫자에 의해 평가받고 모든 것이 결정되는 곳은 금융권이다. 이런 곳도 채용공고에 "실적에 목숨을 걸 수 있는 지원자를 선호합니다"라고 명시하지는 않는다. 이렇게 솔직한 공고는 사회적인 비난에서 자유로울 수 없을 것이다.

사회적인 분위기도 자유롭고, 법적인 절차에도 문제가 없다는 가정하에, 실적을 중요시하는 금융권의 인사담당자가 퇴사율을 줄이기 위해 솔직한 회사의 인재상을 보여준다고 하자. 다음은 인사담당자의 속마음을 표현한 가상의 인터뷰이다.

"입사하면 오전 7시까지는 출근해야 합니다. 팀의 막내니 가장 먼저 출근해야죠. 제가 신입 때도 그랬으니까요. 퇴근은 상사보다 먼저 하지 않았으면 합니다. 여기는 한국이잖아요? 입사 후 최소 1년 동안은 업무를 익히는 데 집중했으면 좋겠습니다. 자발적인 즈말출근을 권장합니다. 실적을 위해 가족은 물론 지인들에게도 영업을 할 각오로 와야 됩니다. 회사는 열심히 하는 인재보다 성과를 내는 인재를 선호합니다. 그리고 마지막으로 신입사원이라면 알아서 분위기를 맞춰야 돼요. 상사의 권위를 인정해주고 적극적인 업무자세, 그리고 회식자리에서는 분위기를 띄워야 됩니다. 굳이 이야기하지 않아도 될 기본적인 거죠."

만약 현실에서 이런 내용이 언론 인터뷰나 채용공고에 나온다면 엄청난 비난을 받을 것이다. 그러나 내가 직접 경험하며 느낀 점은 인사담당자가 언급하지 않았더라도 입사 후 위와 같은 생활을 한다고 해서 전혀 놀랄 일은 아니라는 것이다. 당연한 것이다. 기업은 채용과정을 진행하며 자신들의 속마음을 만족시킬 수 있는 인재를 매의 눈으로 찾을 것이다. 면접에 관해서는 4장에서 자세히 이야기하겠지만, 면접관들은 지원자들에게 아무 생각 없이 질문하는 것이 아니다. 질문의 숨은 의도를 잘 파악해야 한다.

회사의 방향성과 최신 트렌드를 가장 잘 알고 있는 사람은 현직자이다. 채용설명회를 통해 정보를 얻을 수 있지만, 참석을 못하는 경우도 있을 것이다. 나는 지원하려는 회사에 지인이 없어 정보를 얻기 힘든 경우 직접 찾아갔다. 상대적으로 한가한, 오후 3시가 넘는 시간에 방문했다. 본인이 근무하는 회사에 들어오고 싶어 하는 대학생을 문전박대하는 곳은 없다. 방문하기 전 궁금한 사항을 준비해 찾아가면 생각보다 많은 것을 얻을 수 있다. 서류합격 후 면접대비를 위해 찾아가는 것도 좋지만, 자기소개서를 작성할 때 찾아가면 작성하기가 훨씬 수월할 것이다. 한 가지 주의할 점은 아무래도 업무시간이기 때문에 직장인들이 정말 바빠 제대로 응대해주지 못할 수도 있다는 것이다. 금융권의 경우 마감시간이나 고객이 많이 몰리는 시간대는 피해야 한다.

최종면접을 볼 때 한 임원이 혹시 지점에 방문해본 사람이 있으면 손을 들어보라고 했다. 나를 포함해 2명이 손을 들었다. 내게 지점 방문의 소감을 물어봤다. 예상한 질문은 아니었지만, 경험을 이야기하는 것이기 때문에 막힘없이 답변했다. 신입사원 연수를 받을 때 한 동기에게 지점을 방문했는지 물어보았다.

"응, 시내에 있는 여러 지점을 돌아다녔지. 1차 면접 보기 전에 찾아가고, 최종면접 보기 전에 찾아가고, 합격 후에도 찾아갔어."

"면접 볼 때 지점 방문한 사람 손들어보라고 하지 않았어?"

"맞아. 지점을 돌아다니면서 받아둔 단장님, 지점장님 명함들도 보여줬어."

지점을 방문하고 면담을 한다는 것은 쉬운 일이 아니다. 창피하고 귀찮은 일이라고 생각할 수 있다. 하지만 분명한 건 본인이 원하는 것을 얻기 위해 행동하는 열정은 좋은 점수를 받는다는 것이다. 현직자와 대화를 통해 업계의 전문용어를 알 수 있는데 그런 용어들을 언급함으로써 긍정적인 인상을 남길 수 있다. 또한 현장에서는 여러 가지 문제점들이 있는데 해결책까진 아니더라도 문제를 알고 있다는 것만으로도 분명 경쟁력이 될 수 있다. 자기소개서를 작성할 때 활용하거나 면접 때 비슷한 질문이 들어오는 행운을 경험할 수도 있다.

사람들이 선호하는 기업들은 채용하는 인원에 비해 지원자들이 훨씬 많다. 시장의 법칙처럼 수요는 적은데 공급이 많으면 생산자 입장에서는 가격, 품질, 홍보 등에 최선을 다할 수밖에 없다. 채용시장에서 수요자는 기업이고 공급자는 지원자이다. 회사가 무엇을 원하고 있는지 회사의 입장에서 생각할 줄 알아야 하는 이유이다. 많은 지원자들이 단순 나열식의 자기소개서를 작성하거나 면접장에서 본인이 하고 싶은 말만 하는 경우를 많이 봤다. 안타깝지만 취업 시장에서 우리는 갑이 아니다. 다른 지원자들과 경쟁을 해서 우위에 서야만 회사의 선택을 받을 수 있다. 취업준비생이 아닌 회사의 입장에서 생각하고 고민한다면 취업전략을 세우는 데 분명 도움이 될 것이다.

07
자신의 브랜딩에 과감히 투자하라

수많은 커피 전문점 중에서 브랜드 평판지수 1위는 스타벅스이다. 1999년 이화여대 앞 1호점을 시작으로 2017년에는 매출 1조 원을 넘었다. 업계 2위권인 투썸플레이스, 엔제리너스의 매출 1,000~2,000억 원대와 비교하면 압도적인 차이다.

수많은 커피전문점들보다 우위에 서는 스타벅스만의 강점은 무엇일까? 주문한 메뉴가 준비되면 "~님 주문하신 커피가 나왔습니다"라며 고객과의 끊임없는 스킨십을 한다. 스타벅스의 등급 가운데 단골고객이라고 할 수 있는 골드레벨에게는 다양한 이벤트 혜택을 주며 우대를 해준다. 또한 철저한 직원교육을 통해 고객에게 친절하고 신속한 서비스를 제공한다. 이에 대한 보상으로 급여 및 복지에 아낌없이 투자를 한다. 이런 점들이 브랜드 가치를 올려주는 것이다. 스타벅스의 다이어리, 텀블러는 비싼 가격에도 불구하고 단순히 스타벅스라는 이유만으로 구매하는 경우도 많다.

취업준비생들도 알게 모르게 브랜딩 투자를 하고 있다. 어학원에 등록해 공부를 하는 것, 증명사진을 잘 찍기 위해 멀어도 유명한 스튜디오까지 가는 것 등이 모두 해당된다. 과거에는 스펙이 자신의 브랜드로 인정받기도 했다. 증권, 펀드, 파생상품 투자상담인 금융자격증 3종 세트 취득은 금융권에 대한 준비와 열정을 보여줄 수 있는 스펙이었다. 더 나아가 CFP(국제공인재무설계사)를 취득하게 되면 면접에서 이에 관해 질문을 많이 받기도 했다.

나는 생각지도 못한 방법으로 자신만의 브랜드를 만들어 대기업 본사에서 근무하는 선배를 봤다. 재취업을 준비하면서 그 선배와 우연히 연락이 됐다.

"형, 지금 어디에서 근무해요?"

"지금 ○○ 본사 재무팀에서 일해."

"어떻게 들어갔어요? 대기업 본사에서 근무하고 능력 좋으시네요."

"아니야, 우연히 기회가 돼서."

처음에는 어떻게 들어가게 됐는지 이야기해주지 않았다. 하지만 나는 재취업을 준비하는 시기였기에 집요하게 질문했다. 내 의도를 알아챈 선배는 친절하게 설명을 해줬다.

"직접 돌아다니면서 이런 일하는 사람들을 만났지. 그리고 물어봤어. 이 일을 하고 싶은데 실무적으로 갖춰야 할 역량이 있으면 알려달라고. 잘 알려주지 않는 사람도 있었지만, 대부분 친절하게 설명해줬어. 그러면서 내가 무엇을 준비해야 하는지 알게 됐고 취업 전에 그런 일들을 배울 수 있었지."

"정확하게 준비를 한 것이 뭔데요? 회사에 들어가지 않는 한, 일을 하기가 어렵지 않나요?"

"다 방법이 있지. 일단 내가 먼저 이런 일들을 혼자 해봤어. 회사에서 돌리는 통계 프로그램이나 위험예측 시스템은 구하는 것이 어렵지 않더라고. 독학을 하면서 막힌 부분은 교수님께 자문을 구하면서 준비했지. 회사에 지원을 할 때 내 이런 실무역량을 보고서로 정리해서 보낸 적도 있었어."

콜럼버스의 달걀 일화처럼 간단하지만, 쉽게 생각하지 못한 방법이다. 그 선배는 대학생 때 실무역량을 갖춰 자신만의 브랜드를 구축했고 해당 부서에 1년간 인턴으로 근무하며 실전 경험을 쌓았다. 대기업 재무팀에 최종합격한 비결이었다. 보통 취업준비생이라면 재무관련 자격증, 높은 토익점수에 시간을 투자했을 테지만 그 선배는 남들이 쉽게 갖지 못한 강점으로 자신만의 브랜드를 구축한 것이다.

자신의 브랜드를 갖추는 것은 취업 후에도 꼭 필요한 요소이다. 보험회사에는 보험가입을 위해 고객들의 서류를 심사하는 부서가 있다. 심사파트의 주요업무 중 하나는 고객의 현재 및 과거 질병을 파악해 알맞은 보험가입을 유도하는 것이다. 다른 업무를 하다가 심사파트로 직무가 변경된 여자 선배가 있었다. 그전 분야에서는 어느 정도 인정을 받았지만, 보험계약 시 고객의 건강 및 고지내용을 심사하여 계약의 인수여부를 판단하는 언더라이팅 분야는 처음이었다. 선배는 자신만의 브랜드를 구축하는 방법을 실현했다. 퇴근 후 간호학원에 다니며 공부한 것이다. 고객의 서류심사를 하는 과정에서 나오는 전문용어와 질병에 관해 공부함으로써 자신만의 경쟁력을 갖춘 것이다. 나중에 우연히 소식을 들었는데 승진과 함께 본사로 발령이 났다고 했다.

 보험회사에서는 공채 출신이 아닌 여성이 과장 및 차장으로 승진하기가 쉽지 않다. 확률로 치면 5%도 되지 않는다. 선배는 자신만의 브랜드를 구축해 이런 점들을 초월한 것이다. 취업 후에도 자신을 지켜주는 것은 학벌이나 영어점수가 아니다. 자신만의 브랜드인 것이다.

 마키아벨리는 《군주론》에서 사람들의 마음을 얻기 위해서는 있어 보이는 것이 중요하다고 말한다. 여러 가지 좋은 기질을 모두 갖출 필요는 없다 하더라도 갖추고 있는 것처럼 보여야 한다는 것이다. 사람들의 마음을 얻기 위해서는 실제 당신이 가진 것보다 더 가졌을 것이라고 사람들이 생각하게끔 만드는 것이 중요하다. 브랜드는 이런 힘을 가진다. 내가 노력한 만큼 사람들이 알아주리라고 생각하면 큰 오산이다. 또한 본인도 모르는 강점을 회사에서 알 리 없다. 퍼스널 브랜드를 만드는 데 적극적인 자세가 필요한 이유이다.

추미생활도 자신만의 브랜드가 될 수 있다. 한 기업 면접에서 성취했던 경험에 '스타크래프트 대회 우승'이라 쓴 것에 대해 질문을 받았다.

"여기 성취경험에 스타크래프트 대회 우승이라고 작성했는데, 특별한 이유가 있나요?"

"네, 스타크래프트 우승은 제게 어떤 목표를 세우고 도전해서 성취했을 때의 기쁨을 느끼게 해주었습니다."

스타크래프트 관련 질문을 받을 때 내 표정은 한결 부드럽고 여유로웠을 것이다. 나는 취업 후에도 스타크래프트를 통해 나만의 브랜드를 각인시키고 싶었다. 한 방송대회에 참가신청을 했고, 방송국으로부터 사무실로 촬영을 와도 되느냐는 연락이 왔다. 나는 상사의 허락을 받고 회사에서 촬영을 했다. 당연히 회사에 소문이 났고, 신입사원 주현석의 이름을 알리게 된 계기가 되었다. 이날 이후 회식을 하고 나면 선배들과 PC방에 가서 스타크래프트를 즐기며 금방 친해지고 정을 쌓을 수 있었다.

당신만의 브랜드는 취업 전은 물론 후에도 긍정적인 후광효과를 줄 수 있다. 자신만의 어떤 브랜딩에 투자하여 어떻게 활용할 것인지 고민하라.

08
취업은 자신감이다

 취업에서는 자신감이 중요하다. 겸손한 태도를 기반으로 한 자신감은 사람을 한번 돌아보게 만든다. 대한민국의 피겨 여왕 김연아가 결전을 앞두고 보여준, 자신감에 찬 표정이 화제가 된 적이 있었다. 2010년 2월, 밴쿠버 동계 올림픽에서 온 국민은 김연아에게 금메달을 기대했고, 수많은 언론들이 그와 관련된 기사를 쏟아냈다. 나 역시 김연아에게 금메달을 기대하는 한편, 너무 큰 부담을 안겨주는 것은 아닐까 걱정이 들었다. 그러나 경기 직전 카메라에 비친 김연아의 얼굴을 보고 나는 놀라움을 금치 못했다. 나의 예상과 달리 김연아는 자신감에 차 있는 표정을 넘어 여유까지 있어 보였다. 그리고 그날 김연아는 금메달을 거머쥐며 한국 피겨의 새 역사를 써내려갔다. 물론 김연아와 취업준비생의 상황은 엄연히 다르지만 취업과정 중 가장 중요한 단계라고 할 수 있는 면접에서도 엄청난 긴장감과 부담, 불안감을 이겨내야 한다. 이런 상황 속에서 자신감을 통해 극복하는 것은 자신의 몫이다.

  재취업을 준비할 때였다. 취업 공백기간이 길어질수록 심리적으로 위축이 되어갔다. 졸업하기 전 큰 어려움 없이 취업을 해, 취업의 고통을 제대로 느껴보지 못해 더욱 위축되었을 수도 있다. 내 약점이 자꾸 생각이 났다. '내 나이에 신입사원이 가능할까?', '퇴사 이유에 대해서 물어보면 어떡하지?' 등 부정적인 생각이 나를 지배했다.

  자신감이 바닥을 칠 때쯤 한 기업에 면접을 보게 됐다. 적성에는 아니라고 판단했지만 기업 브랜드 및 연봉을 생각할 때 꼭 가고 싶은 회사였다. 무엇보다 막막한 재취업의 터널을 벗어나고 싶었다. 자신감이 없는 상태이다 보니 조바심이 났고, 탈락에 대한 공포심이 생겼다. 백수였기에 시간은 많았다. 인터넷으로 회사 관련 정보를 검색하고 정리하며 예상 질문 리스트를 만들어 출력했다. 아내 앞에서 1분 자기소개 및 예상 질문에 답변해가며 연습했다. 긴장감은 없어지지 않았다. 면접날이 되었고, 내가 수도 없이 연습했던 질문을 받게 됐다.

  "전 직장은 왜 퇴사한 거죠?"

  답변을 만들어 수십 번 반복하고, 아내 앞에서 수없이 연습했던 그 질문이었다. 나는 준비했던 대로 답변을 했지만 면접관의 표정은 좋지 않았다. 함께 면접을 보는 지원자들의 재치 있는 답변을 들으며 점점 더 위축이 됐다. 면접을 봤던 사람은 알 것이다. 떨어질 것 같은 그 불안한 예감을 말이다. 나는 자신감이 없었고, 예상 질문들에 대해 솔직함보다 일반적이고 추상적인 답변으로 일관했다. 당연히 나는 탈락했다. 스스로도 믿지 못하면서 남이 믿어주길 바라는 것도 웃기는 일이었다.

내겐 취업할 때 묘한 징크스가 있다. 면접을 준비하면 떨어졌고, 안 하면 합격했다. 나중에 이유를 찾을 수 있었다. 바로 자신감의 차이였다. 자신감이 높은 경우 여유가 생겨 면접을 볼 때 자연스러운 표정을 지을 수 있었다. 곤란한 질문에도 당황하지 않고 내 생각을 논리적으로 말할 수 있었다. 이런 점들이 면접관들에게 신뢰감을 준 것이다.

다른 곳에서 면접을 볼 때 똑같은 질문을 받았다. 퇴사경력이 있다면 필수질문이었다. 예전처럼 꾸미지 않고 솔직하게 답변했다. 퇴사를 생각하게 된 솔직한 답변은 정리할 필요도 없다. 외울 필요는 더욱더 없다. 그냥 내 생각을 말하면 되는 것이다. 취업에 대한 절박함은 있었지만, 떨어져도 다른 곳에 갈 수 있다는 자신감을 가지고 봤다. 결과는 합격이었다.

자신감이 없으면 면접을 볼 때 그대로 드러난다. 거의 모든 기업에서 실시하는 면접과정이 있다. 바로 자기소개이다. 자신감이 없는 지원자는 첫인상인 자기소개에서부터 막힐 수 있다. 누구나 긴장을 하면 실수할 수 있지만, 면접을 볼 때 한 번의 실수는 치명적이다.

첫 회사에서 지점장을 할 때였다. 서류합격을 하고 회사에 찾아온 2명의 지원자가 있었다. 정말 바쁜 상황이었지만 과거의 내 모습이 생각나 시간을 냈다.

"그럼 지금 면접만 보면 되나요?"
"네, 1차 면접에 합격해서 이제 최종만 남았습니다."
"축하합니다. 우리 때는 발표면접을 봤는데 요즘도 보나요?"
"제가 속했던 조는 다 발표를 했습니다만, 오후에 면접 본 조는 시간 때문인지 생략한 조도 있었습니다."

2명의 지원자는 내가 최종면접 때 받았던 질문이 무엇인지 궁금해했고 나는 성실하게 알려주었다. 답변을 해주면서 2명의 지원자 중에서 왠지 1명만 합격할 것 같다는 생각이 들었다. 떨어질 것 같다고 생각한 사람은 자신감이 없어 보였다. 면접을 보는 것이 아니었기에 편안한 분위기가 이어졌지만, 상대적으로 한 지원자는 스스로에 대한 확신이 없어 보였다. 반면에 다른 지원자는 겸손한 자신감을 보이며 마치 면접을 보는 것처럼 열정을 보였다. 그로부터 얼마간의 시간이 흐른 어느 날, 외근을 다녀오니 자리에 계란 여러 판이 놓여 있었다. 총무에게 물어보니 누가 놓고 갔다는데 이름을 들어도 모르는 사람이었다. 얼마 후 전화가 왔는데 예전에 내게 찾아왔던 2명 중 합격할 것 같았던 지원자였다.

"좋은 조언 덕분에 합격했습니다. 감사합니다."
"그래요. 각오는 되어있죠? 아, 그때 함께 왔던 사람은 어떻게 됐나요?"

역시나 그 자원자는 떨어졌다고 했다.

취업 시장에서 자신감 없는 모습은 상대방에게 신뢰를 주기가 어렵다. 당신이 무슨 물건을 사고자 할 때 파는 사람이 물건에 대한 자신이 없으면 사지 않는 것과 마찬가지다.

취업에 대한 자신감을 갖추기 위해서는 평소의 마음가짐이 중요하다. 눈에 보이는 자신의 약점을 그대로 두거나 실력도 없이 자신감만 가지란 말이 아니다. 스펙이 부족하다고 자신감을 잃지 말자. 서류에 합격했다는 것은 회사가 세운 채용의 기본적인 기준을 넘었다는 것이다. 면접을 준비하되 억지로 자신을 과하게 꾸밀 필요는 없다. 면접관의 눈에는 다 보인다. 어깨를 펴고 당당한 모습을 보여라. 면접은 기싸움이다.

3장

취업준비 기간을 단축시키는
7가지 취업의 기술

01
취업 목표를 정하는 것이 우선이다

　　첫 단추를 잘 끼우는 것이 중요한 것과 마찬가지로 첫 직장의 선택은 굉장히 중요하다. 방황할 수도, 실수할 수도 있지만 그 대가는 언젠가 지불해야 한다. 첫 직장이 향후 10년을 결정한다고 해도 과언이 아니다. 제대로 된 취업 목표를 가져야만 성공적인 취업을 할 수 있다. 잘못된 취업 선택은 많은 경제적인 비용과 후회를 가져다 준다. 목표도 없이 원하지도 않는 길에 들어갔다고 하자. 벗어나기 위해서는 배가 되는 노력이 필요하다. 다시 길을 찾아 따라가기 위해 경쟁자보다 더 많은 것을 포기해야 할 수도 있다.

　나는 수시제도를 통해 고등학교 3학년 1학기에 대학교에 합격했다. 수능을 보지 않아도 되었기에 공부할 필요를 느끼지 못했다. 대학 합격 이후 내겐 더 이상 삶의 목표가 없었다. 이때부터 군대 전역까지 만 5년 이상 놀면서 인생을 허비했다. 정말 후회 없이 놀았다. 그리고 주변에서도 미래를 준비하는 독한 열정을 보인 사람이 없었다. 군 전역 후 복학해 '정신 차리자!'라고 다짐만 할 뿐 얼마 지나지 않아 신입생 시절과 크게 다르지 않게 놀기 시작했다. 브레이크 없는 폭주 기관차처럼 노는 것이 절정에 달했을 때 제동을 걸어준 사건이 있었다.

3월의 어느 비 오는 목요일, 오후 5시쯤 신호를 무시하고 가다가 불법 유턴하는 차량과 사고가 났다. 119 구급차에 실려가 대학병원 응급실로 가게 됐다. 수술 후 정신을 차려 보니 어머니께서 옆에서 울고 계셨다. 신발도 신지 않으신 채였다. 사고가 났다는 연락을 받자마자 목포에서 택시를 타고 올라오신 것이다. 순간 내 자신이 한심하게 느껴졌고, 이런 상황이 너무나 화가 났다. 사고 후 나는 약 6개월 동안 교통사고 후유증에 시달려야 했다. 꽃피는 봄에 왼손에는 깁스를 하고, 오른쪽 발을 절뚝거리며 학교를 다녔다.

몸이 고통스럽다 보니 놀 수가 없었다. 그제야 내 자신을 돌아보며 정신을 차릴 수 있었다. 그동안 외면했던 현실들이 보이기 시작했다. 전공에 대한 비전도 없었고 잘하는 것도, 스스로에 대한 믿음도 없는 상태였다. 일단 목표가 없으니 무엇이 부족하고 필요한지 알 수가 없었다. 나는 취업목표를 정하고 거기에 도전하기로 했다. 취업이 최종적인 꿈이라고 할 수는 없지만, 꿈을 이어주는 징검다리라고 생각했다.

내게 가장 매력적으로 다가온 분야는 금융권이었다. 적성에 맞기보다는 연봉이 높다는 것이 마음에 들었다. 금융권에 입사하는 것을 큰 취업 목표로 설정하고, 스타크래프트를 즐겼던 것처럼 경제학을 즐기기 위해 노력했다. 우선 성적장학금을 받는 것에 도전했다. 하지만 이런 목표들을 혼자서는 달성할 자신이 없었다. 내가 세운 목표를 이미 이룬 롤 모델을 찾기로 했다. 지난 학기에 만점을 맞은 친구가 있었다. 그 친구가 2학기에 수강하는 모든 과목을 동일하게 신청했다. 친구를 스승이라고 생각하며, 모든 학습패턴을 모방했다. 부족하다고 생각한 전공과목은 분반을 중복으로 수강했다.

전공필수인 거시경제학의 경우 일주일에 3시간씩 3개의 분반에서 강의를 했는데 3개 분반에 전부 들어가 수강했다. 수업을 3번 듣다 보니 자연스럽게 예습과 복습이 됐고 이해도 훨씬 잘 되었다. 목표를 세운 후 4개월 만에 많은 변화가 일어났다. 경제학이 재밌어졌으며, 자존감과 자신감이 상승했다. 이후 졸업 때까지 장학금을 한 번도 놓치지 않았다. 각종 금융공모전에 도전해 입상하며 성취감도 느꼈다. 이런 경험들이 입사 후에도 이직할 수 있는 용기를 준 것이다.

여기까지 보면 훈훈하게 마무리될 수 있는 이야기다. 내 인생에서 목표 없이 허비했던 시간들에 대한 대가는 치르지 않은 것 같다. 하지만 이건 착각이다. 목표를 좀 더 빨리 찾고 전력질주했다면 단순히 금융권 취업에만 만족했을까? 나는 금융권 입사보다 큰 목표를 가지거나 취업 후의 계획을 생각하지 않았다. 노력하지 않은 시간들로 인해 내 자존감은 낮아져 버린 것이다. 금융권 취업이라는 목표만으로 만족해버렸다.

자존감이 낮은 경우 목표를 세울 때 처음부터 낮게 잡는 경우가 있다. 실제로 주변에 많은 사람들이 공기업 및 대기업에 원서조차 쓰지 않는다. 자신의 한계를 미리 정하고, 도전조차 하지 않는 것이다. 반대로 자신을 제대로 파악하지 못하고 무리한 목표를 세우는 경우도 있다. 대학교 때 한 친구는 갑자기 최상위 대학으로 다시 입학하려고 했다. 3년 동안 수능시험을 봤지만 원하는 점수가 나오지 않았다. 결국 원래 다니던 대학과 비슷한 수준의 대학에 다시 신입생으로 들어갔다. 친구는 자신의 선택을 엄청나게 후회했다. 시간이 지나도 스스로를 설득할 수 있고, 후회 남지 않는 목표를 세워보자.

직장을 다니며 점심시간만큼 즐거운 시간이 있었다. 바로 본사에서 실시하는 교육시간이었다. 마음 편하게 교육만 들으면 되는데다가 그룹 및 타 부서 사람들을 만나는 것도 즐거움을 줬다.

그때 만났던 사람 가운데 멀리 돌아가더라도 자신의 길을 가는 사람을 소개한다. 경력직 교육을 받을 때 숙소를 함께 썼던 룸메이트와의 대화이다.

"전에는 어디에서 근무하셨어요?"

"○○은행하고 ○○증권, 2군데에서 근무했습니다."

"능력이 좋으시네요. 지금 하시는 일은 좀 어때요?"

"뭐 괜찮습니다."

그가 과거에 근무했던 곳들은 경쟁률이 매우 높은 곳이며, 누구나 들어가길 희망하는 곳이었다. 거길 포기한 룸메이트의 진짜 속마음이 궁금했다. 여기도 똑같은 금융권이 아닌가. 룸메이트는 처음에는 자신의 마음을 잘 보이려 하지 않다가 마지막 날 밤에 들려주었다.

"사실 여기도 오래 다닐 생각은 없어요. 퇴근하고 도서관에 다니며 꾸준히 공부하고 있습니다."

"목표로 세운 곳이 있나 보네요?"

"네. 지원 자격을 갖추기 위해 영어, 한국사 등을 공부하고 있어요. 회사에서는 눈이 감길 만큼 힘든 날도 많지만, 지금 하는 고생으로 앞으로 20~30년이 달라질 수 있다고 생각합니다."

룸메이트가 준비하는 곳은 공기업이었다. 막연하게 목표로 삼은 것이 아니라 하고 싶은 직무를 정하고 시험 준비를 했던 것이다. 취업하기 전에는 퇴근 후 도서관, 학원 등을 다니며 자기계발을 할 수 있다고 생각하지만, 이는 결코 쉬운 일이 아니다. 룸메이트는 마침내 원하는 공기업에 신입사원으로 최종합격했다. 대기업에서 쌓아온 자신의 경력은 사라졌지만, 조금의 아쉬움도 없어 보였다.

룸메이트의 성공 원인은 확실한 목표였다. 직장을 다니면서 이직을 준비한다는 것에는 뼈를 깎는 고통이 필요하다. 취업목표가 있다는 것은 자신의 열정을 태울 불씨가 있다는 것이다. 목표가 없는 사람에게는 그런 불씨조차 없다. 제대로 된 목표를 세우지 못한다면 취업 후 반드시 후회한다. 첫 단추를 잘못 끼워 기껏 걸어온 길을 돌아가거나 후회하며 직장생활을 하는 사람들이 많다는 것을 깨닫길 바란다.

02
자신의 적성을 찾아 취업하라

취업포털 사이트 〈잡코리아〉에서 취업준비생 1,078명을 대상으로 출신학교에 따른 취업전망에 관한 설문조사를 했다. 약 70%에 해당하는 지방대생들이 출신대학으로 인해 취업이 어려울 것이라고 전망했다. 어쩌면 이렇게 자존감이 낮아진 취업준비생에게 자신의 적성을 찾으라는 말은 와 닿지 않을 것이다. 사실 자존감이 낮을수록 적성을 찾아 도전하는 것이 더욱 중요한데 말이다.

학벌로 인해 자존감이 낮아진다면 더더욱 자신의 적성을 찾아야 한다. 공기업, 대기업 등 적성에 맞는 직무에 당당히 도전하는 것이다. 사회에서는 직장이 어디인지 물어보지, 출신학교를 물어보지 않는다. 직장에 다니면서도 여전히 학벌에 대해 아쉬움이 있거나 공부를 더 하고 싶은 경우, 대학원에 진학할 수도 있다.

자존감을 낮추지 말고, 적성을 찾을 용기를 갖자. 본인이 무엇을 원하는지 알고, 끈기 있게 도전할 수 있는 일을 찾아 자신의 적성으로 만드는 것이 중요하다. 직장인들의 이야기를 담은 윤태호 작가의 《미생》에서 주인공 장그래와 오과장이 첫 만남에서 나눴던 대화이다.

"영어 잘하니?"

"아뇨……."

"학원부터 접수해. 영어 못하면 직장생활 힘들다. 하긴 잘해도 힘들고 못해도 힘든 게 직장생활이지만…… 못하면 더 힘들어……."

나는 이 대화에서 영어 대신에 적성이란 단어를 넣어보고 싶다. 자신이 하는 일이 적성에 맞고 즐겁더라도 직장생활은 힘들다. 하물며 일에 대한 흥미도 없고 적성과도 거리가 멀다면 매일 끔찍한 고통을 겪을 수 있다. 회사에서 보면 업무가 적성에 맞는 것처럼 보이는 사람들이 있다. 그들의 공통점은 연차가 최소 15년 이상이라는 것이다. 선천적인 적성보다는 입사 후 차곡차곡 쌓인 내공으로 업무를 적절하게 소화하는 것이다. 비교적 업무를 잘 처리하는 것 같은 선배들도 처음에는 힘들었다고 이구동성으로 말한다.

자신이 하는 일이 적성에 맞는다는 것은 축복이자 감사한 일이다. 많은 직장인들이 일을 하면서도 적성에 맞지 않는다고 이야기한다. 자신과 맞는 일은 어딘가에 따로 있다고 생각하는 사람들도 많다. 왜 이런 사람들이 많은 것일까? 어떤 직업이든 곁에서 보는 것과 직접 경험하는 것과는 큰 차이가 있기 때문이다. 적성이란 것이 예체능 관련 적성처럼 쉽게 찾을 수 있으면 좋으련만, 30대가 되어도 적성을 찾지 못해 방황하는 안타까운 경우를 종종 본다.

역사에서도 자신의 적성을 찾기까지 오래 걸린 사례를 확인할 수 있다. 계유정난을 설계하고, 세조의 킹메이커라고 평가받는 한명회가 그런 경우였다. 칠삭둥이로 태어난 한명회는 어려서부터 글 읽기를 좋아해 학자의 길을 걷고자 했다. 과거 시험에 도전했지만 8번이나 낙방했으며, 38세에 맡은 첫 직책이 '경덕궁직'이었다. 간단히 말해 이성계 집을 지키는 문지기였다. 말직을 떠나 인간관계도 순탄치 않았던 것 같다. 지금으로 치면 한 회식자리에서 사람들의 비웃음과 조롱을 받기도 했다. 그런 그가 수양대군을 만나 최고의 책사로 활약하며 쿠데타를 도와 1등 공신으로 출세가도를 달린다. 한명회는 공부보다 정치가 더 적성에 맞았던 것이다.

자신의 적성에 대해 간절히 고민하면 답을 찾을 수 있다. 내 인생의 멘토로 생각하는 고등학교 때 담임선생님의 사례이다. 선생님은 대학교를 차석으로 졸업하고 공기업에 취업했다. 당시에도 공기업은 좋은 직장이었다. 일을 할 때 큰 어려움은 없었지만, 비전을 보지 못했다고 했다. 선생님은 자신이 진정으로 좋아할 수 있는 적성에 대해 고민했다. 그리고 이렇게 기도를 했다고 한다.

"꿈이 있는 학생들을 가르치는 교사가 되고 싶습니다. 기독교 이념이 있는 미션스쿨로 가고 싶습니다. 마지막으로 사랑스러운 제자들을 마음껏 안을 수 있게 남자학교로 가고 싶습니다."

선생님의 기도는 이뤄졌다. 선생님은 힘들게 들어간 공기업을 퇴사하고, 재취업에 성공했다. 교직을 시작한 지 2년 만에 첫 담임을 맡게 되었고, 내가 첫 제자가 되었다. 그리고 내가 다니던 학교는 미션스쿨에 남자고등학교였다.

지금도 기억하는 일화가 있다. 학기가 끝나면 학생들의 생활기록부를 쓰게 되는데 보통 교사들은 형식적으로 몇 줄 쓰는 정도였지만 그 선생님은 학생 한 명 한 명에 대해 세심하게 정성 들여 써주셨다. 교장선생님이 공개적인 자리에서 크게 칭찬을 했고 학교 내에 소문이 날 만큼 화제가 되었다. 가끔 선생님과 대화를 나누다 보면 교사로서 미래에 대한 큰 비전을 갖고 계시다는 것을 느꼈다. 끊임없이 고민하며 기도를 통해 자신의 소명에 어울리는 직업을 찾은 것이다. 적성에 맞는 일을 찾아 즐겁게 일하시는 선생님이 부러울 때가 있었다.

물론 적성을 찾지 못했다고 실망할 필요는 없다. 많은 사람들이 본인의 적성이 무엇인지 모른다. 중요한 것은 나에 대해 아는 것이다. 과거에 무슨 일을 할 때 행복이나 재미를 느낀 일이 있을 것이다. 반대로 '나는 참 이런 것이 약해. 또는 싫어'라고 생각하는 것들도 있을 것이다. 나는 군 생활을 바다에서 했다. 특채 자격이 되어 해양경찰에 지원하려고 했다. 자격증과 표창장까지 받으며 준비했지만 시험도 보지 않고 포기할 수밖에 없었다. 배 멀미 때문이었다. 보통 일병 정도 되면 적응되어 배 멀미를 하지 않는데 나는 제대할 때까지 멀미로 고생을 했다. 이런 고생을 20년이나 더 하고 싶지 않았다.

취업 시기는 빠를수록 좋다는 말이 있다. 하지만 자신의 적성과 가치관이 어느 정도 매치가 돼야 된다. 서류에만 광속탈락이 있는 것이 아니다. 적성과 크게 동떨어진 취업은 광속퇴사의 지름길이다. 적성에 맞지 않는다며 빠른 퇴사를 하고, 애매한 경력을 인정받지 못해 후회하는 사람을 많이 봤다. 한 직장에서 최소 3년 이상은 근무해야 경력으로 인정받을 수 있다. 그것도 이직하려는 업종과 수행했던 업무가 연관이 있는 경우이다. 타 업종일 경우에는 그조차도 제대로 인정받지 못한다. 첫 단추를 잘못 끼워 퇴사를 하면 불리한 면이 많다.

취업시장은 빠르게 변하고 있다. 재취업을 할 때에는 취업 센스, 정보 취득능력 등 여러 가지 역량들이 첫 취업 때보다 떨어졌을 확률이 높다. 다시 그때의 실력으로 가기 위해서는 몇 배의 노력과 시간이 필요하다. 퇴사이유에 대해서도 반드시 물어볼 것이며, 취업공백기가 길어지면 길어질수록 부정적인 인식만 쌓일 것이다.

경력을 인정받기 위해 퇴사를 한 업종과 동일한 업종에 취업을 하는 경우가 많다. 재결합한 커플이 헤어졌던 이유를 다시 반복하듯 첫 직장을 퇴사하게 만든 이유가 두 번째 직장에서 반복되지 않으리란 법은 없다. 급할수록 돌아가라는 말이 있다. 당장 몇 개월 늦어지더라도 여유를 가지고 준비하자. 대한민국에는 2만 개가 넘는 직업이 있고, 겉으로 보이는 이미지만으로는 알 수 없다. 재취업으로 취업준비 기간이 늘어나지 않길 바란다. 준비된 취업은 취업준비 기간을 단축시켜 줄 것이다. 시간이 더 걸리더라도 적성에 대한 치열한 고민이 반드시 필요한 이유이다.

03
나만의 취업 로드맵을
만들어 보자

취업은 방향을 잘 잡는 것이 중요하다. 취업을 위해 반드시 세워야 할 것이 나만의 취업전략이다. 여유를 가지고 준비하는 것은 좋으나, 10년 동안 취업준비만 할 수는 없다. 자신을 분석하며 원하는 일이 무엇인지 파악해보자. 그리고 자신만의 취업 로드맵을 만드는 것이다.

취업 로드맵을 만드는 첫 번째 단계로 인생 그래프를 그려보자. 내 과거에 대한 기록을 통해 현재를 살피고, 미래를 위한 희망을 계획하자. 방법은 간단하다. 당신의 인생에 있는 여러 가지 이슈 가운데 좋은 일에는 +5점, 나쁜 일에는 -5점을 주면 된다. 특별한 옵션을 정해 큰 이슈라고 생각되면 좀 더 높은 점수를 줘도 좋다.

　이것은 내 인생그래프이다. 내 나이 12살에 아버지께서 별세하신 이후 나는 군 전역까지 꿈 없이 살았다. 23살 오토바이 사고까지 꾸준히 하향 곡선 인생이었다.

　25살부터 경제학에 미쳐갔고 공모전, 해외봉사활동 등 하고 싶은 일에 도전하며 내 자존감을 키웠다. 28살 결혼을 하며 안정적인 생활을 하는가 싶더니 29살 퇴사와 함께 암흑기에 들어간다. 30살 재취업을 시작으로 아들 출생, 대학원 진학, 연봉 상승 등 현재까지는 상향 곡선을 그리고 있다. 이처럼 자신의 발자국을 돌아보며, 현재 자신의 위치에 대해 생각해볼 수 있을 것이다.

　다음은 나에 대해 정리하는 시간이다. 개인양식을 만들어 기본 정보를 담은 이력서를 만든다. 그다음 사소한 것도 좋으니 경험 프로파일을 작성한다. 공모전, 대외활동, 인턴 등 생각나는 모든 경험을 정리한다. 단순 나열이 아닌 시작하게 된 계기와 과정을 정리한다. 결과에 대해 배운 점, 교훈 등 피드백을 해보자. 평범한 경험일지라도 나만의 색깔을 입히면 명품 경험이 될 수 있다.

나는 은행에서 주최한 논문공모전에서 수상한 적이 있다. 그때 주최은행의 홍보팀에서 잠시 현장실습을 할 수 있는 기회를 얻었다. 복사, 엑셀, 동영상 편집 등의 단순작업을 수행했지만 이런 경험들도 자기소개서에 쓸 때에는 다음과 같이 의미를 부여했다. 간단한 업무를 수행한 만큼 시간이 남았고 현직자들과 대화를 많이 할 수 있었다. 인생의 선배이기도 했던 그들에게서 은행원에 대한 비전, 취업 전에 하면 좋은 것들, 준비해야 될 사항 등 많은 정보를 얻을 수 있었다. 끊임없이 소통하다 보니 자연스럽게 친해질 수 있었고 직원의 추천을 받아 은행관련 언론사와 인터뷰를 해 신문 1면에 기재되기도 했다. 이렇게 사소한 경험이더라도 스토리를 입혀 정리를 해놓았다. 정리된 내용들 중 지원하려는 기업과 관련된 사항들은 자기소개서를 작성할 때 반드시 넣었고, 면접을 볼 때 긍정적인 평가를 받았다.

자신의 기본정보, 스펙, 경험 등을 정리했다면 방향을 정할 차례이다. 무조건 공기업 및 대기업에 입사하거나 공무원을 꿈꾸는 사람들이 있다. 자신의 상황이나 적성을 고려해 신중하게 설정한 목표라면 상관없지만, 무작정 유행을 따라가는 것은 옳지 않다.

간호학과를 다니면서 간호사보다 공무원이 되고 싶던 여학생이 있었다. 휴학하고 공무원 9급 일반 행정시험을 준비해 2년 동안 도전했지만 시험에 떨어졌다. 어쩔 수 없이 학교에 복학했고 동기들보다 2년 늦게 간호사 자격증을 취득했다. 졸업 후 여러 대학병원에 도전했지만 전부 떨어졌고 어렵게 작은 개인병원에 취업할 수 있었다. 하지만 여전히 공무원에 대한 미련을 가지고 있었다.

만약 이 여학생이 간호사 자격을 먼저 취득했다면 어땠을까? 간호사 자격 취득 후 9급 일반 행정직보다 경쟁률은 낮으면서 직급은 높은 8급 간호직 공무원에 도전했다면 더 유리하지 않았을까? 도전 자체가 나쁜 것은 아니지만 목표를 세울 때는 여러 가지 가능성을 열어두고 자신에게 최대한 유리한 길을 가는 것이 좋다. 또한 남의 시선이 아닌 당신이 가고 싶은 직장, 하고 싶은 일을 찾는 것이 중요하다. 적성, 가치관, 전공 등 여러 가지 상황을 고려해 분야를 정하고 기업과 직무를 선택하는 것이 좋다.

2016년 스위스 다보스에서 열린 〈세계경제포럼〉에서는 이미 4차 산업혁명은 시작됐으며 2020년까지 선진국에서 약 710만 개의 일자리가 사라질 것으로 전망했다. 지금 당장이 아닌 미래를 전망하며 직업을 선택하는 것도 지혜이다.

가고 싶은 기업을 정했다면 가장 먼저 해당 기업의 홈페이지에 들어가 보자. 기업의 경영목표, 전략, 인재상 등 기본적인 정보를 확인할 수 있다. 기업이 추구하는 방향에 대해서도 공부할 수 있다. 면접에서는 홈페이지만 들어가봐도 알 수 있는 정보에 대해 질문을 하는데 대답을 못하는 사람들이 많다. 심지어 회사의 대표상품, 지원직무가 무엇인지 모르는 경우도 허다하다.

세부적으로 기업에 대한 정보를 얻자. 인터넷에서 기업이름을 검색만 해도 최근 뉴스 및 기사를 통해 신규사업, 전반적인 경영환경 등에 대해 정보를 얻을 수 있다. 팍스넷, 전자공시시스템, 증권사 분석보고, 삼성경제연구소 등에 접속해보자. 사업보고서, 기업분석 등을 통해 회사의 경영실적이나 전망 등에 대해 파악할 수 있다. 분석을 끝내고 나름의 항목을 만들어서 별점 및 점수를 매기자. 업계 내 순위, 연봉 및 복지, 업무강도, 브랜드, 근무지역 등 중요하다고 생각하는 요인들 위주로 정리해보자.

지원하는 회사가 속한 분야나 직무에 아르바이트 및 인턴을 통해 직접 경험해보는 것도 좋은 방법이다. '손님은 잠깐 동안 와서 많은 것을 보고 간다'는 말이 있다. 단순한 업무를 할지라도 직접 눈으로 보면서 많은 것을 느낄 수 있을 것이다. 기업에 대한 분석이 끝나면 경쟁사들도 함께 조사한다. 경쟁사의 성공 및 실패 사례, 매출, 제품, 전략 등을 살펴보면서 희망 기업과의 차이점을 비교해서 정리하자. 자신의 가치관 및 적성과 관련지어 색깔을 입힌다면 회사 선택에 대한 타당한 논리를 만들 수 있다. 본인만의 경제철학을 갖고 싶다면 경제신문 읽기를 권장한다. 경제용어들이 익숙해지고 시장의 흐름을 잡는 데 도움이 될 것이다.

준비하는 데 정신이 팔려 희망회사의 채용공고를 못 보고 지나치는 황당한 경우도 있다. 취업사이트를 통한 관심기업 설정, SNS 친구 맺기 등 주요 정보가 휴대폰으로 알림이 오게끔 설정하자. 다니고 싶은 기업의 채용홈페이지에 자주 들어가는 것은 기본이다. 채용설명회에도 반드시 참석해서 정보를 얻자. 좋은 인상을 준다면 더 좋다. 채용설명회에 참석해 서류 가산점을 받고, 자신이 좋은 인상을 줬던 면접관을 면접장에서 만난다고 상상해보라. 나도 경험해봤고, 비슷한 사례를 많이 봤다. 자신에 대한 정리를 하고, 희망기업에 대한 분석을 한다면 자기소개서 및 면접을 수월하게 준비할 수 있다.

더불어 취업 로드맵을 좀 더 효과적으로 짜는 방법이 있다. 플랜 B를 만드는 것이다. 희망 기업을 선정하고 채용설명회에 참석한다고 해서 100% 합격하는 것은 아니다. 원하는 기업을 준비할 때 중복되는 분야가 있다. 교집합을 찾아내서 함께 준비하며 도전하는 것이다.

나는 금융권을 준비하면서 금융 공기업도 함께 준비했다. 내가 취득한 금융자격증은 은행, 보험, 증권, 금융 공기업과 관련된 자격증이었다. 또한 대학교 4학년 때 한국은행통화정책경시대회에 나가 입상을 한 경험은 한국은행을 지원할 때만 필요한 것이 아니었다. 대회를 준비하며 수많은 경제관련 논문, 도서를 읽고 분석했는데 이런 역량은 금융권에서도 요구할 때가 많았다. 경제학에는 기회비용이라는 말이 있다. 어떤 선택을 했을 때 포기하는 것 중에 가장 큰 가치를 뜻한다. 기회비용을 최대한 줄여가며 효과적인 선택을 해야 한다. 취업 로드맵을 통해 효과적인 취업전략을 세우길 바란다.

04
서류 합격률을 10배로 올리는
자기소개서 작성요령

　　채용공고에 지원한 모든 사람들의 서류를 인사담당자가 보는 것은 어려운 일이다. 대기업의 경우 100대 1의 경쟁률이 넘는 곳이 많다. 이런 상황이기 때문에 서류 필터링이 필요할 수밖에 없다. 담당자 입장에서는 필터링만큼 좋은 것이 없다. 채용을 위한 최소한의 기준을 넘긴 사람들의 사진과 자기소개서만 보며 효율적인 평가를 할 수 있다. 상사에게 보고할 수 있는 합당한 기준도 있고 시간도 절약하며 선발할 수 있다. 그렇다면 서류 필터링이 있으니 자기소개서는 중요하지 않는 것일까?

　이와 관련되어 두 가지를 말하고 싶다. 첫째, 서류 필터링을 통과한 서류들은 자기소개서의 수준에 따라 합격과 탈락이 결정된다. 잘 작성한 것과 그렇지 못한 것은 분명한 차이가 있다. 간혹 서류 필터링을 최소화하며 자기소개서를 본다는 회사도 있다. 이런 기업들은 서류합격 여부를 결정할 때 자기소개서의 비중을 높인다는 뜻이다.

둘째, 자기소개서는 말 그대로 처음 보는 사람에게 자기를 소개하는 것이다. 면접관들은 지원자에 대한 정보가 없기 때문에 자기소개서에 대한 내용을 주로 질문한다. 전략적으로 써서 면접의 주도권을 가져갈 수 있다.

취업과 관련된 수많은 기술들이 있지만 이런 기술들이 취업의 모든 과정에서 통하는 것은 아니다. 따라한다고 해서 반드시 합격할 수 있는 것도 아니다. 각자 나이와 성별이 다르고, 경험도 다르고 스토리도 다르다. 남이 말하는 기술들을 내게도 똑같이 적용하기는 어렵다.

누구에게나 통용되는 취업의 기술은 따로 있다. 바로 자기소개서 작성이다. 여자들의 '화장발', 남자들의 '머리발'이 외모에 큰 영향을 미치는 것처럼 이력서에도 이런 '기술발'이 중요하다. 자기소개서에 관한 기술로는 간결하게 써라, 오타를 없게 하라, 소제목을 달고 두괄식으로 써라 등 수많은 잔기술들이 있다. 이 장에서는 내가 직접 경험하고, 선후배들의 취업을 도와주며 가장 중요하다고 생각하는 세 가지를 소개하겠다.

자기소개서를 작성할 때 가장 중요한 것은 경험을 말하는 것이다. 한 취업포털사이트에서 2016년 하반기 국내 30대 기업 신입 공채 자기소개서 질문 5,031건을 분석했다. 가장 많이 요구하는 키워드는 경험(22%)이었다. 자신의 경험을 지원하는 직무와 연결시켜 의미를 부여하는 것이 중요하다는 것이다.

보험회사 지점장만큼 수많은 사람들을 만나며, 면접을 보는 사람도 없을 것이다. 여러 사람들을 계속 만나다 보니 이 사람이 과연 영업을 잘할 수 있을지 없을지 나만의 기준이 생겼다. 바로 그 사람의 과거를 보는 것이다.

사람의 말에는 거짓이 있을 수 있지만, 경험으로 쌓인 데이터는 거짓말을 못한다. 보험설계사 지원자는 지점장 면접 후 지역단장에게 면접을 봐야 한다. 면접 전 상사에게 보고하면 후보자의 과거 경력에 대해 가장 많은 질문을 받았다. 회사에서는 사람을 판단할 때 지원자의 경험을 중시하는 것이다.

자신이 해왔던 경험을 직무와 연결시켜 나만의 콘텐츠를 만드는 것이 중요하다. 인턴, 캠퍼스 리크루팅, 현직자 등을 통해서 지원하는 직무에 대해 사전파악을 해야 한다. 그 다음 직무와 자신의 연결고리를 찾아낸다. 경험을 직무와 연결시키면 회사에 대한 정보 준비성과 자신의 노력을 보여줄 수 있는 일석이조의 효과가 있다. 내가 취업을 준비하는 과정에서 자기소개서의 질문 중 개인적으로 오래 걸렸던 항목은 지원동기였다. '연봉이 높기 때문'이라는 7글자를 500자로 늘려야 했다. 그동안 본인이 걸어온 발자국을 돌아보면서 그 회사나 직무와 연관을 지어보자.

내가 M사에 지원했을 때였다. 타 금융사에 비해 상대적으로 정보가 부족한 상황이었다. 흔하지 않는 나만의 지원동기를 쓰고 싶었고, 경험에서 연관성을 찾아냈다. 군 전역 후 오토바이 사고를 당했을 때 코란도 차량과 충돌했는데, 당시 상대방이 가입한 자동차보험이 M사의 상품이었다. 통원치료를 하면서 보상담당 직원과 여러 번 통화를 했다. 당시 예민했던 내게 친절하게 상담을 해 준 기억이 있었다. 사소한 경험일 수 있지만 의미와 정당성을 부여해 지원동기로 만들었다.

다니고 싶은 기업에서 공모전을 주최한다면 도전해볼 만하다. 입상을 하면 공모전만큼 좋은 지원동기나 경험도 없다. 해당기업은 물론 경쟁사와 비슷한 업종에도 어필할 수 있다. 입상을 하지 못하더라도 공모전에 도전하는 것 자체가 공부가 된다. 남들과 차별화되는 무기를 갖게 되는 것이다. 지원하는 기업과 직무와 관련된 공모전, 인턴 등의 경험은 자기소개서를 작성하는 데 큰 힘이 될 것이다.

두 번째는 수정이다. 자기소개서 완성도를 높이는 최고의 방법은 여러 번 수정하는 것이다. 노벨문학상을 수상한 《노인과 바다》의 저자 어니스트 헤밍웨이는 "모든 초고는 걸레다"라는 말을 했다. 헤밍웨이가 《노인과 바다》를 초고 이후 400번 수정했다는 것은 유명한 일화이다. 인사담당자가 자기소개서를 쉽게 읽을 수 있도록 군더더기를 없애는 작업은 중요하다.

그렇다면 글의 군더더기란 무엇이고 어떻게 없애는 것이 좋을까? 《유시민의 글쓰기 특강》에서 소개하는 여러 가지 글쓰기 방식 가운데 군더더기에 관한 내용이 나온다.

"문장의 군더더기는 크게 세 가지다. 첫째는 접속사(문장부사), 둘째는 형용사와 부사, 셋째는 여러 단어로 이루어져 있지만 형용사나 부사와 비슷한 역할을 하는 문장요소이다."

뜻을 이해하는 데 없어도 되는 단어들은 과감히 삭제해도 된다. 특히 '그리고, 그러나, 그래서' 등의 접속사는 굳이 없어도 문장이 어색하거나 뜻을 이해하는 데 지장이 없는 경우가 많다. 주어와 술어가 둘이 넘는 문장을 복문이라고 한는데 이보다는 문장이 길더라도 주어와 술어가 하나인 단문이 더 쉽게 읽혀 좋다. 이런 군더더기들은 처음에는 잘 보이지 않는다. 자기소개서를 완성하고 다음날에 보면 유치하거나 어색한 부분을 많이 찾을 수 있다. 눈으로 봤을 때에는 모르지만 소리 내어 읽어보면 뭔가 어색한 부분을 찾을 수도 있다. 남들에게 보여주면 내가 찾지 못했던 오타나 보완해야 할 부분도 생긴다. 이런 과정들을 반복하면 완성도가 높은 자기소개서가 될 것이다. 여러 번 읽으며 수정하는 것과 하지 않는 것은 확연한 차이를 가져온다.

마지막으로 인사담당자를 사로잡을 수 있는 '뭔가'가 있어야 한다. 흥미를 끌 수 있는 자신만의 참신한 소제목과 도입부가 필요하다. 인사담당자는 지원자들의 자기소개서를 절대 다 읽지 않는다. 아무리 완성도 높은 자기소개서라도 읽히지 않으면 아무런 소용이 없다.

《미움받을 용기》의 저자 고가 후미타게의 또 다른 저서《작가의 문장수업》을 보면 '문장의 도입부는 영화의 예고편처럼 쓰라'고 한다. 지원자 입장에서는 어떻게 해서든 인사담당자를 자극해 본편까지 읽어내도록 하는 것이 중요하다. 인사담당자는 수많은 자기소개서를 본다. 인터넷에 있는 흔한 소제목으로는 시선을 사로잡기 힘들다. 눈길을 끌 수 있는 참신한 소제목이 필요하다. 실제로 내가 서류합격한 자기소개서 소제목들이다.

메리츠화재 "스타크래프트 세계랭킹 7위"
미래에셋대우증권 "세발낙지 증권맨"
KT "태산泰山은 바람에 쓰러지지 않는다."

강렬한 도입부를 통해 인사담당자로 하여금 읽게 만드는 것이다. 물론 예고편만큼 본편도 훌륭해야 한다. 참신한 소제목만큼 그를 뒷받침할 타당한 근거들이 있어야 한다. 면접에 자신이 없을수록 자기소개서를 잘 써야 된다. 나는 면접장에서 받을 질문을 예상하며 전략적으로 작성했다. 자기소개서에 "~와 관련된 이야기는 글보다 면접에서 직접 말씀드리겠습니다"라고 적으면 실제로 면접장에서 이와 관련된 질문을 자주 받았다. 면접관도 똑같은 사람이다. 지원자에게 특별히 궁금한 것도 없고, 긴장하는 것은 마찬가지이다. 공통질문이 아니라면 자기소개서를 보면서 질문하는 경우가 많다. 귀찮고 힘들더라도 자기소개서에 공을 들이자. 서류 합격율은 물론 최종합격율을 올릴 수 있을 것이다.

05
스펙에 가치와 스토리를 더하라

채용과정은 기업에 나를 홍보하고 설득하는 과정이다. 스펙만으로 면접관들을 설득할 수 있을까? 만약 당신이 사장이라면 단순히 스펙만 좋은 사람을 채용할 것인가? 스펙이 조금 떨어지더라도 당신의 말을 잘 들을 것 같은 사람을 뽑을 것인가? 기본적인 채용기준을 넘는다면 대부분 후자를 뽑을 것이다. 사람의 마음은 크게 다르지 않다. 나는 이직을 하면서 꾸준히 취업시장을 경험했다. 주변에 나만큼 취업시장을 기웃거린 사람은 없었다. 재취업을 하며 필사적으로 면접관들을 설득해야만 했다.

재취업생은 취업준비생보다 공격당할 요소가 더 많다. 내가 가장 힘들었던 건 전 직장의 퇴사이유에 관한 질문이었다. 첫 입사 후 3년도 안 돼서 퇴사를 했다. 애매한 경력, 직무능력에 대한 불신 등 면접을 볼 때마다 끊임없이 공격당했다. 실제로 증권회사

면접을 볼 때였다. 전 직장 퇴사에 관한 질문을 받았고, 진짜 이유가 아닌 형식적인 답변을 했다.

"즈현석 씨는 전 직장에서 맡은 직무가 뭐였죠?"

"지점장으로서 한 지점의 책임자가 되어 실적과 영업사원들을 관리하는 업무를 수행했습니다."

"그런데 왜 퇴사한 거죠?"

"저 꿈은 증권회사 PB가 되는 것입니다. 메일주소도 BEST PB라고 할 만큼 학창 시절부터 목표였습니다. 첫 직장은 보험회사였는데, 제가 하고 싶은 증권회사 PB에 도전하고자 퇴사를 하게 되었습니다."

결혼 전 아내에게 쓴 연애편지를 보는 것처럼 손발이 오그라든다. 질문했던 면접관은 순간 인상을 썼다. 내 이름에 X표를 치는 것 같았다. 거짓 답변은 아니었지만 면접관을 설득할 수 있는 이야기는 아니었다. 사실 대답을 준비하면서 내 스스로도 설득이 안 되었다. 카민 갤로의 《최고의 설득》에서는 스토리텔링의 핵심을 소개하는데 먼저 스스로를 설득할 수 있어야 한다고 했다. 자신을 이끄는 열정이 무엇인지 알며, 상대방의 가슴을 뜨겁게 만드는 것이 무엇인지 자문하며 답을 구하는 것이라고 말한다.

다른 기업에서 면접을 볼 때 역시 동일한 질문을 받았다. 나는 마음속의 진짜 내 목소리를 피하지 않기로 했다. 면접관들이 공감할 수 있는 이야기와 메시지를 주되, 진정성을 담기로 했다.

"27살에 30명의 설계사가 있는 조직의 지점장을 맡았습니다.

지점을 운영하면서 조금씩 욕심이 생기기 시작했습니다. 지점의 경영목표는 달성했지만, 초과 달성을 위해 본인 및 가족 계약으로 실적을 채웠습니다. 액수가 점점 커져 아내에게 월급을 가져다 주지 못하는 상황이 발생했습니다. 이런 상황이 몇 달간 지속되며 스스로 위축이 됐습니다. 비전을 찾지 못했고, 어렵게 퇴사를 결심했습니다."

형식적인 답변이 아닌 진솔한 내 이야기를 전달했다. 면접관들은 '나도 보험사 출신이라서 뭔지 안다', '이것 봐라? 솔직하네', '실적압박은 나도 경험해봤다' 등의 긍정적인 반응이었다. 퇴사라는 약점을 면접관이 공감할 수 있는 스토리로 만들어 극복한 경우였다.

《아프니까 청춘이다》의 저자 김난도 교수는 저서 《트렌드 코리아 2017》에서 B+프리미엄을 새로운 트렌드로 전망했다.

"가치의 할증이라는 프리미엄만을 이야기한다면, 우리가 A등급이라고 표현할 수 있는 '럭셔리'에도 프리미엄 전략을 적용할 수 있고 (중략) B+는 평범한 대중제품(B등급)에 가치, 즉 프리미엄을 추가해 B+등급으로 끌어올린다는 전략이다."

채용시장에서 럭셔리 스펙은 존재할까? 누구나 인정하는 객관성 있는 럭셔리 스펙은 존재한다. 채용공고 우대조건으로 명시된 전문자격증, 장교 출신, 외국어 우수자 등이 해당 기업에서 인정하는 럭셔리 스펙이라고 할 수 있다. B+프리미엄은 A등급이 아닌 평범한 제품에 새로운 가치를 업그레이드 하는 것이다. 보통 스펙을 지닌 평범한 사람일수록, 스토리라는 프리미엄을 더해 자신의 가치를 업그레이드 하는 것이다. 수많은 지원자 중에서 당신이 적임자라는 것을 보여주는 것이다.

내가 대학교를 졸업하기 전에는 면접장에서 30살이 넘는 사람을 보기 힘들었다. 신입사원 최종합격자 가운데 30살이 넘는 사람은 더욱 찾아보기 힘들었다. 보험회사에서 신입사원 연수를 받을 때였다. 32살이었던 2명의 동기가 있었다. 신입사원 교육을 하러 온 강사는 나이만 듣고 '신의 축복'이라는 표현까지 했다. 그만큼 나이 앞에 3자가 있으면 합격하기 힘든 시기였다. 그들이 회사의 선택을 받을 수 있었던 이유는 '보험계리사'와 '회계사'라는 럭셔리 스펙을 보유했기 때문이었다.

만약 당신이 우대조건을 갖추고 있지 않다면 스펙에 스토리를 더해 가치를 끌어올리자. 나는 첫 취업을 준비할 때 無토익이었다. 영어점수라곤 누구나 받는 OPIc 등급이 전부였다. 내 위치를 냉정히 살펴보면 영어점수 없는 지방대 문과생이었다. 나만의 스토리텔링이 절실히 필요한 상황이었다. 나는 고등학교 시절까지 공부를 열심히 하지 않았던 것에 '스타크래프트 세계 랭킹 7위'라는 명분과 스토리로 포장했다. 無토익에 대해서는 학생 시절에만 도전할 수 있는 '다수의 금융공모전 수상'으로 대처했다. 여기에 나만의 가치관과 비전을 확실히 더하고 싶었다. 채용과 보여주기 식이 아닌 나만의 스토리를 고민했다.

나는 대학교 4학년 때 터키로 2주간 단기선교를 떠난 적이 있다. 훈련과정까지 하면 몇 개월의 시간이 소요된 경험이었다. 떠나기 전 결코 만만치 않은 비용과 시간으로 망설여졌지만 마음을 비우고 단기선교를 떠나기로 결심했다. 우리가 일제 식민지 시대를 겪은 것처럼 쿠르드 민족은 터키의 식민지 지배를 받고 있었다. 전쟁으로 상처받은 그들에게 태권도, 아트페인팅 등 문화사역과 함께 선교활동을 했다. 이때의 봉사와 희생경험을 자기소개서 항목에 스토리로 정리해 적었다. 면접관들은 흥미를 느끼며 이와 관련된 많은 질문을 했다.

　1년의 휴학기간 동안 취득한 다수의 금융자격증이나 높은 학점에 대해 질문을 받은 적은 단 한 번도 없었다. 학벌이 좋거나 토익 점수가 높다고 해서 면접 때 관련 질문을 받는 것도 보지 못했다. 사람들을 설득하고 감동을 주는 것은 단순한 스펙이 아니라 스토리다. 실패한 경험이나 약점도 스토리로 활용할 수 있다. 자신을 비하하거나 능력 없음을 보이라는 것이 아니다. 나는 실제 면접장에서 자신의 사업실패 스토리를 이야기하는 것을 봤다. 처음에는 의아했지만, 듣다 보니 현명한 선택이었음을 알 수 있었다. 지원자는 첫 회사 퇴사와 취업공백기에 대한 약점이 있었다. 그것을 스스로 밝히며, 퇴사에 대한 정당성과 취업공백기에 대한 스토리를 만든 것이다.

　생활비를 위해 유흥업소에서 일을 하는 여대생이 있다고 하자. 이 사람에 대해 소개할 때 있는 그대로만 이야기하면 '돈이 필요해 유흥업소에서 일을 하는 여대생'이다. 스토리를 입혀보겠다. '유흥업소에서 일을 하는 여성이 있다. 자신이 진정 원하는 미래를 위해 밤에는 유흥업소에서 일을 하고 낮에는 대학교에 다니며 열심히 공부를 한다.' 사소한 차이지만 사람들이 받아들이는 인식은 크게 달라질 수 있다. 면접관은 당신을 떨어뜨리려는 이유를 어떻게든 찾으려 할 것이다. 다른 지원자가 뛰어난 인상을 주어 당신이 떨어질 수도 있다. 채용과정에서 설득을 해야 하는 의무는 지원자에게 있다. 스펙에 가치와 스토리를 더한다면 면접관들을 충분히 설득시킬 수 있다.

06
취업 성공을 위한
이미지 메이킹을 하라

매력적인 사람은 취업준비 기간을 단축시킬 수 있다. 채용과정에서 중요한 영향을 미치는 것 중 하나는 외모이다. 외모를 보지 않는다는 말은 거짓말이다. 매력적인 외모를 지닌 경우 합격률을 높일 수 있다. 사람은 짧은 순간에 상대방에 대한 모든 것을 판단해버린다. 눈에 바로 보이는 것은 그 사람의 외모이다. 첫인상 5초의 법칙이 중요한 이유이다. 매력적으로 보일 수 있도록 이미지 메이킹을 하는 것은 반드시 필요하다.

첫인상 효과인 초두 효과 Primacy effect가 중요한 이유는 처음 제시된 정보가 나중에 알게 된 정보보다 더 강력한 영향을 미치기 때문이다. 심리학자 솔로몬 애쉬는 첫인상과 관련된 실험을 했다. 한 명의 실험 대상 인물을 두고, A그룹에는 똑똑, 근면, 충동, 비판, 고집, 질투심이 있는 사람으로 설명했다. B그룹에는 질투, 고

집, 비판, 충동, 근면, 똑똑한 사람으로 설명했다. 그런 뒤 성격점수를 메겼는데 A그룹의 사람들이 더 높은 점수를 줬다는 것이다.

  이미지 메이킹이 가장 활발히 활용되는 곳은 정치이다. 이미지로 인해 대통령이 결정되는 순간이 있었다. 1960년 미국 대통령 선거에서 닉슨과 케네디가 TV 토론을 진행했다. TV 대중화가 이뤄져 가정에 TV 보급률이 90%가 넘는 시기였다. 케네디는 닉슨에 비하면 경험도 명성도 상대가 되지 않았다. 많은 전문가들이 닉슨의 무난한 승리를 예상했다. 닉슨은 토론 자료 준비, 논리적인 화법 등을 중점적으로 준비한 반면 케네디는 메이크업, 웃는 모습, 의상 등에 온 신경을 집중했다. 토론이 시작되고 예상대로 닉슨은 경험과 논리로 케네디를 시종일관 압박했다. 라디오로 연설을 들은 사람들은 닉슨이 우세하다고 판단했다. 하지만 TV를 시청한 사람들은 케네디에게 더 큰 호감을 느꼈다. 케네디는 시청자를 바라보며 아이컨택을 하고 미소를 짓는 모습을 자주 연출했다. 때론 젊음과 열정을 보여주며 미국 국민들의 지지를 호소했다. 닉슨의 경우 표정관리에 크게 신경 쓰지 않고, 토론 내내 시청자가 아닌 방청객 쪽을 바라보며 말하는 것에 전념했다. 토론이 끝나고 사람들의 기억에 남은 것은 토론내용보다 후보자들의 표정과 느낌이었다. 중요한 것은 라디오보다 TV를 시청하는 유권자들이 훨씬 많았다는 것이다. 선거 결과 케네디가 판세를 뒤엎고 선거를 통해 선출된 미국의 최연소 대통령이 되었다.

기업 입장에서 취준생의 첫인상은 자기소개서이다. 글로 된 내용도 중요하지만 사진도 매우 중요하다. 회사에서 급하게 여직원 한 명을 채용한 적이 있었다. 갑작스런 공고에도 많은 사람들이 지원했다. 자기소개서를 보면서 가장 먼저 눈이 가는 것은 어쩔 수 없이 사진이었다. 자기소개서의 내용을 다 읽고 사진을 보게 되진 않는다. 이미지와 자기소개서 내용을 바탕으로 첫인상이 좋은 지원자들을 따로 체크했다. 얼굴표정이 어둡거나, 집에서 편하게 입을 법한 캐주얼 복장 등의 사진은 좋은 점수를 주지 않았다.

물론 이미지 메이킹에 전부가 외모는 아니다. 외모의 경우 좋은 스튜디오와 면접 전 미용실 원장님의 힘을 빌린다면 짧은 시간에도 극복할 수가 있다. 이미지 메이킹에 외모만큼 중요한 것이 내면을 가꾸는 것이다.

내면을 가꾸는 데 있어서는 가장 먼저 자기 자신을 신뢰할 수 있어야 한다. 만약 당신이 대기업 인사담당자라면 수많은 지원자들 중 당신을 채용할 것인가? 여기서 YES가 나오지 않는다면 스스로도 자신에 대한 믿음이 없는 것이다. 이미지 메이킹의 첫걸음은 자신을 신뢰하는 것이다. 보험 설계사들이 영업할 때 하는 말이 있다. 판매하는 금융상품에 대해 확신이 없는 것을 고객들이 귀신같이 알아챈다는 것이다. 기업의 채용과정은 자신의 가치를 보여주는 것이다. 자기 자신도 신뢰하지 못하는데 남이 알아주길 바라는 것은 넌센스다.

건강이나 체력이 약한 경우에도 신뢰감이 떨어질 수 있다. 나는 비염과 안구건조증을 지병으로 가지고 있어 주 1~2회씩 극심한 두통을 겪었다. 도서관에서도 콧물, 코막힘으로 주변 시선이 신경 쓰이고 집중하기 어려웠다. 감기에 자주 걸리고 체력도 약했다. 스스로에 대한 신뢰감이 떨어질 수밖에 없었다. 나에게는 무엇보다 건강관리가 필요했다. 단백질 보충제, 마그네슘, 종합비타민, 홍삼 등을 섭취하는 한편 근력 및 유산소 운동을 하며 체력을 길렀다.

지방이 빠지고 근육이 만들어지는 만큼 긍정적인 에너지가 생겼다. 이런 힘을 바탕으로 가장 먼저 도전한 것은 워드프로세스 1급이었다. 2주간 최선을 다해 준비했고 어렵지 않게 합격했다. 이후 정보처리기사, 증권투자 상담사, 공모전 등 사소한 목표를 설정하고 하나씩 달성하며 성취감과 자신감을 키워나갔다.

자신에 대한 신뢰가 있는 상태에서 목표를 세우고 도전하면 열정이라는 힘이 생긴다. 이때 중요한 것이 자신의 이미지를 포장하고 알리는 것이다. 나는 공모전에서 상을 타게 되면 대학교 내 취업지원팀, 경상대학 등에 수상 사실을 전달했다. 수상내역에 관해 학교 홈페이지에 게시를 해주었는데, 내 이름을 알릴 수 있는 좋은 수단이었다. 특히 두 가지 면에서 좋았다. 첫째, 혼자가 아닌 팀 프로젝트로 진행해야 할 대회들이 있을 때 사람들을 모집하는 데 큰 도움이 되었다. 둘째, 일정 인원을 학교에서 추천해 달라고 하는 기업들이 많다. 추천인원을 선정할 때 자체적으로 심사를 하는데 취업지원팀이나 교수님께 미리 이름을 알림으로 우위를 점할 수 있었다.

  나는 대학교 시절 열정과 실력을 겸비한 경제학도 이미지를 추구했다. 부지런히 내 이미지를 홍보한 결과 기업인재 추천, 취업 프로그램, 취업현장 실습 등 많은 부분에서 혜택을 봤다. 그 효과는 취업 후까지도 이어졌다. 모교의 초청을 받아 적지 않은 수당을 받으며 취업특강을 진행했다. 회사에서 급하게 채용설명회를 실시해야 된다는 통보가 와도 다음날 바로 시간과 장소를 확보할 수 있었다. 좋은 이미지를 심어주지 못했다면 나의 존재조차 몰랐을 것이다.

  대학교를 다닐 때 한 동기는 서류심사까지는 무난하게 합격했지만 인적성 시험에서 자주 탈락했다. 인성 위주의 시험에서도 떨어져 본인도 억울하다고 했다. 대화를 해보니 어느 정도 이유를 추측할 수 있었다. '의욕이 없다', '무엇을 해야 될지 불안할 때가 있다' 등 너무 솔직하게 답변을 한 것이다. 은행 채용면접에서 자신의 약점으로 도벽기질이 있다고 말하는 지원자도 있었다고 한다. 취업할 때에는 기업에서 원하고 선호하는 최소한의 인재상이 있다. 여기에 자신을 억지로라도 맞추려는 노력이 필요하다.

  내가 처음 금융권 인적성 검사를 실시했을 때 결과는 적성이 아니라고 나왔다. 이를 극복하기 위해 여러 지점에 방문하여 그곳에서 일하는 상상을 하며, 거기에 어울리는 마인드를 가지려고 노력했다. 주변 지인들에게 내가 금융권에 어울리는지, 내 이미지는 어떤지 자주 질문을 했다. 금융권 이미지 메이킹에 시간을 들여 노력했다. 그 결과로 적성검사를 하면 항상 금융권이 나왔고 사람들로부터 "금융권이 어울린다"는 말을 자주 듣게 되었다.

성공적인 취업을 위해 이미지 메이킹은 중요하다. 외모와 다르게 내면은 평소에 해두지 않으면 단기간에 바꾸기가 쉽지 않다. 아무리 좋은 옷을 입고 머리 손질이 잘되었더라도 본인의 마음속에 부정적인 태풍이 몰아치면 결코 감출 수가 없다. 평소 건강한 정신 상태를 유지하는 것도 자연스럽게 자신의 매력을 보여주는 원천이 될 것이다.

07
경쟁자를 이기는 나만의 브랜딩 기법

개인의 브랜드는 자신의 특성을 나타내는 트레이드마크이다. 재능이라는 선천적인 능력도 브랜드가 될 수 있지만, 가치관과 흥미로 인해 만들어진 강점도 자신만의 브랜드가 될 수 있다. 정치인 안철수는 서울대 의대 출신의 의사였다. 88년 초 '브레인 바이러스'를 처음 만났고, 이에 대한 백신을 개발하고자 마음을 먹게 된다. 의대 박사과정 중이었기에 그에게는 시간적인 여유가 없었다. 그는 백신 프로그램을 공부하고 개발하기 위해 새벽 3시에 일어났다. 이를 7년 간 지속했다고 한다. 오늘날 백신 프로그램 하면 안철수가 떠오르는 데에는 그만큼의 시간과 노력이라는 투자가 있었다.

회사에서 교육 담당 업무를 할 때였다. 설계사들에게 동기부여를 주기 위해 강사를 선정해야 했다. 회사에는 주요 강사들의 리

스트가 있다. 개인적으로 《언니의 독설》, 《아트 스피치》의 저자 김미경 원장을 초빙하고 싶었다. 상사에게 이런 상황을 정리해 보고했는데 거절당했다. 비서에게 확인 결과 강의 스케줄이 꽉 찼을 뿐더러 주어진 예산으로는 강사료가 감당이 안 된다는 것이 이유였다. 이런 김미경 원장도 처음부터 잘 나가는 억대연봉의 강사는 아니었다. 남들과 차별화되는 자신만의 경쟁력을 갖추기 위해 매일 새벽 4시 30분에 일어나 공부했다. 자신의 브랜딩에 노력이라는 투자를 한 것이다.

대학교 4년 동안 연애와 토익공부로 시간을 보내거나 단순히 스펙 쌓기만 하는 경우가 많다. 내가 만약 대학교 시절로 다시 돌아간다면 책을 쓸 것이다. 책 쓰기는 그 어떤 스펙보다 강력한 한 줄이 될 수 있다. 최고의 자기소개서라고 생각한다. '그럴 여유가 어딨어?'라고 하겠지만, 취준생 시절이 제일 여유가 많을 때다. 직장에 들어가고, 결혼을 하고, 자녀까지 생기면 더욱더 시간이 없다.

대학교 시절 수많은 공모전에 도전을 했다. 논문의 경우 한 가지 주제를 정하면 그와 관련된 수많은 서적, 신문, 논문 등 숱한 자료를 읽고 공부해야 한다. 직접 학습하고 토해내는 과정이기 때문에 큰 공부가 되고 오랫동안 기억에 남는다. 한 권의 책을 내기 위해서는 그런 공모전들에 투자하는 노력 이상을 해야 된다. 그만큼 진짜 공부가 되고, 관우의 '청룡언월도' 같은 든든한 무기가 될 것이다.

3장 취업준비 기간을 단축시키는 7가지 취업의 기술

중소기업에 다니는 지인을 만난 적이 있다. 대기업을 가고 싶었지만 계속되는 탈락으로 취업공백기를 채우고자 중소기업에 들어갔다고 했다. 업무강도는 낮지만 급여와 후생복지 등의 조건이 열악해 무척이나 힘들어 했다. 눈높이를 낮춰 중소기업을 선택했지만 너무나 후회스럽다고 했다. 매일 야근과 주말 출근을 반복하면서도 급여는 200만원을 받지 못했다. 비슷한 연차의 대기업 및 금융권에 다니는 지인들과 비교해볼 때 절반에도 못 미치는 수준이다. 이직을 준비하지만 막막하다며, 답답함을 토로했다.

"일단 중소기업이라도 취업을 해서 경력을 쌓으면 그게 나만의 강점이 되고, 브랜드가 될 거라고 생각했어. 퇴사한 선배들을 봐도 대기업으로 가는 경우는 못 봤어. 중소기업 출신은 다시 중소기업으로 갈 확률이 높아. 이래서 첫 직장이 중요한가 봐."

오랜만에 만난 지인에게 나는 금융권의 실적압박에 대해서 말하고 싶었지만 아무런 이야기도 할 수 없었다.

취업공백기가 걱정되어 원하지 않는 곳에 취업하거나 막연히 스펙만 쌓을 것이 아니라 자신만의 책을 쓰는 것도 하나의 방법이다. 책은 취업에만 도움이 되는 것이 아니다. 회사에서 승진할 때에도 도움이 될 수 있고 자신의 몸값을 더 올릴 수 있는 좋은 방법이다. 책 쓰기는 남들과 차별화되는 자신만의 브랜드가 될 수 있다.

지금 당장 책을 쓸 자신은 없고, 특별한 재능도 없다면 영업을 해보는 것도 자신만의 브랜드가 될 수 있다. 영업의 가장 큰 강점은 초기자본이 들어가지 않는 것이다. 상대적으로 경쟁률이 낮아 수월하게 취업할 수도 있다. 콜센터 아웃바운드, 보험 및 카드영업, 대출상담사 등 수많은 직무가 있다.

영업을 하면서 자신의 재능을 찾아 억대연봉이 될 수도 있다. 보험영업을 예로 들어보자. 요즘은 은행원들도 보험판매가 실적으로 주어진다. 금융권에서 보험은 떼놓을 수 없는 상품이지만 여전히 보험설계사 가운데 젊은 사람들은 상대적으로 많지 않다. 그만큼 경쟁력이 있다는 것이다. SKY를 나왔지만 보험영업을 하는 선배가 있었다. 나는 선배에게 왜 보험영업을 하느냐고 물어봤다.

"SKY를 나왔는데 보험영업을 하는 특별한 이유라도 있으세요?"

"내 주변에도 SKY를 나와서 영업하는 사람은 없어. 그게 바로 내 경쟁력이라고 생각했지. 사실 개인 사업을 하려고 잠시 거치는 단계였어. 처음에는 지인영업으로 시작했는데 지금은 그만두지 못할 만큼 소개가 꾸준히 들어오네."

SKY를 나와서 영업을 하는 게 의문이었다는 내 의중은 영업을 비하하는 것이 아니다. 다만 다른 목표가 있는 걸로 알았던 선배가 어느 날 보니 억대연봉의 설계사가 되어 있기에 궁금했다. 선배는 벤츠를 끌고 다니며 승승장구하고 있다. 그리고 일에 매우 만족하고 있다. 물론 당신도 억대연봉이 될 수 있으니 영업을 하라는 것이 아니다.

영업을 하게 되면 자신에 대해 좀 더 빨리 파악할 수 있다. 인간관계, 자신의 내면 등 그동안 깨닫지 못했던 사실을 알 수 있다. 상품을 직접 판매해야 되기 때문에 지식이 쌓이게 된다. 취업공백기를 메울 수 있고, 이때의 경험을 통해 무슨 일이든 할 수 있는 자신감도 얻을 수 있다. 영업직이지만 본인이 원하는 기업이나 경쟁사에 입사를 할 수 있다. 영업을 하다 보면 다양한 분야의 사람들을 만날 수 있다. 자신이 가야 할 길에 대해 많은 것을 보고 느낄 수 있을 것이다.

'이기고 싶다면 우선 그 속에 뛰어들어라'는 영국속담이 있다. 취업고수들에게는 저마다 브랜드는 달라도 '몰입'이라는 공통점이 있다. 몰입은 무언가에 빠져 심취해 있는 무아지경의 상태를 말한다. 남들에 비해 내세울 것이 없고, 평범할수록 몰입해야 된다.

자신만의 브랜딩을 위한 투자에 몰입하라. 당신의 취업준비 기간을 단축시켜줄 것이다.

4장

면접관을 미래의 상사라고 생각하라

01
면접의 목적을 생각하라

　　서류합격을 하고 바로 채용이 되면 좋겠지만 면접이라는 최종관문이 남아 있다. 자기소개서는 답해야 할 질문에 시간을 투자하며 여유 있게 준비할 수 있는 반면, 면접은 질문을 받고 인터넷 검색을 하거나 답변을 미룰 수 없다. 예상 못한 질문에 당황할 수 있고 긴장한 나머지 엉뚱한 답변을 할 수도 있다. 또 면접관이나 함께 면접을 보는 다른 지원자의 기에 눌려 제대로 답변하지 못할 수도 있다.

　　회사마다 세부적인 채용단계는 다르지만 대부분 2번의 면접을 본다. 대체적으로 1차 실무진 면접, 2차 임원면접이다. 1차 실무진 면접에는 토론, 발표, 영어, 합숙, 역량 등의 다양한 면접이 있고 2차 임원면접에서는 지원자의 인성 및 회사와의 적합도 등을 중요시하게 보는 경우가 많다.

2016년 하반기 국내의 한 식품관련 기업에서는 젓가락 면접을 봤다. 지원자들이 젓가락으로 음식을 집는 모습을 관찰하고 평가하는 방식이었다. 인사담당자는 "젓가락문화는 우리나라 식사문화의 기본예절이다. 나눔과 배려의 문화를 지키며, 한국 고유의 식문화를 지켜가자는 취지에서 도입한 것이다"라고 밝혔다. 면접의 유형만 봐도 회사에서 원하는 인재상을 유추할 수가 있다.

상대적으로 기술관련 질문이 많이 들어오는 면접은 1차 실무진 면접이다. 실무진 면접관들의 경우 부서장급들이 보는 경우가 많다. 자신의 팀에 들어올 신입사원이라고 생각하며 뽑는다. 상사 입장에서는 똘똘하고 성과를 낼 수 있는 인재를 뽑아야 한다. 그래야 자신도 편하고 팀에 도움이 된다.

회사의 업계경쟁력, 경쟁사에 관한 대처, 직무에 대한 이해 등이 분야에 대해 얼마나 알고 있는지 준비가 필요하다. 질문 한두 개로 합격여부가 결정될 수 있기 때문이다. 취업준비생이 아무리 똑똑하다고 해도 그 바닥에 10년 이상 근무한 실무진을 넘을 수는 없다. 취업준비생의 지식으로 면접관들에게 감흥을 주기도 어렵다. 지원자의 어설픈 지식이나 자기소개서의 거짓말이 바로 드러나는 것이 면접이다. 면접관들은 그런 점들을 꿰뚫어보는 능력이 있다. 면접을 보기 전 자기소개서를 반드시 확인하며 거짓말을 했거나 과하게 부풀린 내용이 없는지 체크할 필요가 있다.

본인은 경청을 잘한다고 쓴 지원자가 있다고 하자. 면접을 보면서 자신한테 질문이 오지 않자 딴 생각을 한다. 옆에 지원자가 말을 더듬거리며 답변을 제대로 하지 못한다. 그러자 옆 사람이 받았던 질문이 자신한테 넘어왔다. 딴 생각을 하느라 듣지 못해 대답하지 못하거나 다시 한 번 질문을 이야기해달라고 한다. 경청을 잘한다는 주장에 확신을 주지 못하는 것이다. 이런 지원자의 자기소개서는 과장과 거짓으로 보여 신뢰감을 주지 못한다.

자기소개서에 평소 등산을 통해 체력관리를 하며, 경제신문도 자주 읽는다고 작성한 지원자가 있다. 면접관이 질문한다.

"등산을 좋아한다고 했는데 어떤 산을 좋아하는지, 특별한 이유가 있나요?"

"딱히 좋아하는 산은 없습니다. 그냥 아무 산이나 기회가 되는 대로 다닙니다."

등산을 좋아하는 사람이라면 확실하게 대답할 수 있는 질문이지만 두리뭉술하게 얼버무렸다. 이 정도는 괜찮다고 치자.

"그래요? 오늘 경제신문에서 가장 인상 깊었던 기사가 뭐였나요?"

"죄송합니다. 오늘은 미처 읽지 못했습니다."

"지원하는 분야와 관련된 최근 기사 가운데 생각나는 것이 있나요?"

"그게…… 보긴 봤는데 딱히 떠오르는 게 없습니다."

이렇게 자기소개서 관련 질문에 얼버무리는 실수뿐만 아니라 합격해야 한다는 간절함에 실수를 하는 사람도 많다. 입사지원서에 희망근무지를 입력할 때, 연고가 없는 지역을 쓴 지원자가 있었다. 면접관이 그 이유에 대해 묻자 다음과 같이 답변했다.

"저희 어머니께서 최근 암에 걸리셔서 수술을 기다리고 있습니다. 병간호를 위해 그 지역을 선택했습니다."

가족이 암에 걸렸다는 것은 슬프고 안타까운 일이지만 이를 면접장에서 밝힐 경우 지원자에게 득이 될까? 아니다. 회사 입장에서는 신입사원이 채용 후 빠르게 회사생활에 적응하고, 업무를 숙달하길 바란다. 먼 친척도 아닌 가족이 암에 걸렸다는 것은 지원자에게 큰 영향을 줄 수 있는 사항이다. 신입사원으로 채용이 되더라도 업무에 오롯이 집중하지 못할 것으로 판단한다. 면접의 절박함이 주는 함정에 빠지는 경우이다. 한국 사람들은 정에 약하지만 이것이 면접장에서도 통하는 것은 아니다.

"졸업 후 2년 동안 취업하지 못했습니다. 가정형편도 어려워져 이번에 반드시 합격해야 됩니다."

요즘은 취업난으로 졸업 전뿐만 아니라 졸업 후에도 취업하지 못할 확률이 높다. 그렇다고 졸업 후 오랜 기간 취업을 하지 못한 것이 자랑은 아니다. 기업 입장에서는 지원자를 무능력하게 볼 수도 있다. 기업에서 비용을 들여가며 채용을 진행하고 신입사원을 뽑는 것은 유능한 인재를 얻기 위함이다. 동정심, 개인구제를 위한 것이 아니다.

면접을 보기 전 명심해야 할 것이 있다. 면접에서는 지원자의 태도를 중요시한다. 답변의 내용보다 지원자의 반응을 관찰한다. 얼굴 표정은 정말 중요하다. 황당한 질문, 압박 질문을 왜 하겠는가? 지원자는 얼굴 표정을 밝게 유지해야 할 필요가 있다. 물론 면접 자체가 긴장이 될 수 있다. 압박 질문을 받아 당황하거나 불쾌할 수도 있다. 하지만 이런 감정들이 얼굴에 드러나서는 안 된다. 나도 평소에는 잘 웃지 않지만, 면접을 볼 때만큼은 환한 미소와 무한 긍정의 눈빛을 유지한다. 단기간 연습으로 충분히 만들 수 있다.

얼굴표정 외에 주의해야 할 것은 제스처와 눈의 위치이다. 많은 인사담당자들이 머리나 코를 만지는 지원자의 태도를 부정적인 행동으로 본다. 보는 입장에서도 뭔가 불안해보이고, 신뢰감이 들지 않는다. 면접관들과 자연스럽게 아이컨택을 하는 것이 중요하다. 눈을 마주치지 못하는 사람도 자신감이 없어 보인다. 다른 지원자가 질문을 받을 때도 눈이 바닥을 향하지 않도록 조심하자.

면접은 지원자들을 떨어뜨리기 위해 보는 목적이 크다. 서류와 인적성을 통해 일부 필터링을 거친다 해도 여전히 채용인원에 비해 지원자가 너무나 많다. 회사에 맞지 않는 사람을 탈락시켜야 한다. 서류 및 필기시험에서 아무리 좋은 점수를 받더라도 합격이 보장되지 않는 것이 면접이다. 면접의 의도를 알고 면접에 임하는 자세를 가다듬자.

02 면접관을 사로잡는 1분 스피치를 하라

스피치를 통해 자신의 운명과 역사를 바꾼 인물들은 수없이 많다. 그중 대표적인 인물이 미국 16대 대통령 링컨이다. 링컨의 최고 연설은 게티즈버그 연설이다. 남북전쟁이 한창이던 1863년 11월 19일, 죽은 장병들을 위한 추도식이 열렸다. 2분간의 짧은 연설로 병사들의 희생을 추모하고, 민주주의를 지켜야 된다는 핵심을 전달했다. 불멸의 명언 "국민의, 국민에 의한, 국민을 위한 정부"가 탄생한 연설이었다.

링컨은 연설 속에 '잉태', '새로운 나라의 봉헌' 등 성경관련 구절을 사용했다. 많은 미국인들이 가치관으로 공유하는 성경을 적용한 것이다. 링컨 스피치의 핵심은 청중들이 중요시하는 가치와 정서에 호소함으로 설득을 이끌어낸다는 것이다. 또한 짧고 간결한 메시지로 상대방의 마음을 얻는다. 이런 기술들은 면접 때 반드시 필요하며 특히 자기소개서에 담을 수 있어야 한다. 1분도 안 되는 짧은 시간에 면접의 당락이 결정된다고 해도 과언이 아니다.

나는 면접 준비를 할 때 자기소개 1분 스피치에 승부를 걸었다. 전략적으로 준비를 하며 면접의 주도권을 갖고자 했다. 면접을 볼 때 특별한 경우가 아니라면 자기소개는 무조건 해야 된다. 첫 취업부터 이직까지 여러 회사에서 면접을 봤는데 딱 한 번을 제외하고 모두 자기소개를 했다.

앞서 자기소개서 도입부를 영화의 예고편처럼 써서 인사담당자를 사로잡으라고 했다. 자기소개서가 예고편이라면 면접은 본편이다. 1분 스피치는 영화의 시작 부분에 해당된다. 영화 〈다크나이트〉 조커처럼 강렬한 등장을 할 수도 있고, 〈어벤져스〉의 아이언맨처럼 위트 있는 입담으로 시작할 수도 있다. 다음은 내가 취업준비를 할 때 썼던 자기소개 시작이다.

"여기 최신 스마트폰이 있습니다. (주머니에서 스마트폰을 꺼내 면접관들에게 보여주며 한 명씩 시선을 맞춘다) 이 스마트폰이 아무리 훌륭한 기능을 가졌더라도 전원이 없으면 아무런 소용이 없습니다. 제게 전원을 공급해 줄 (기업명)을 찾아온 주현석입니다."

아이폰을 통해 스마트폰 혁신이 시작되는 당시로 스마트폰을 안 쓰는 사람들도 많았다. 지금으로 치면 4차 산업혁명의 AI, 사물인터넷, 자율주행차 등의 신선한 느낌이었다. 함께 면접을 봤던 사람들은 대부분 평범하게 자기소개를 했다. 그래서인지 다른 지원자들의 자기소개에는 고개를 숙인 면접관들도 내가 소개를 할 때에는 '도대체 뭘 하려는 거지?'라는 눈빛으로 집중했다.

면접관은 수백 명의 자기소개를 듣는다. 입장을 바꿔 생각해봐도 얼마나 지겹겠는가. 아무리 좋은 노래도 100번을 들으면 질린다. 자기소개의 핵심은 하나다. '나는 잘났다'를 40~55초 내에 우아하게 포장하는 것이다. 면접관으로 하여금 있어보이게 말이다. 단순 나열과 추상적이 아닌 자신의 철학과 가치를 보여주는 것도 좋은 방법이다. 면접에 정답은 없지만, 합격을 부르는 효과적인 자기소개의 4가지 법칙을 소개한다.

첫째, 직무를 잘 수행할 수 있는 근거를 보여라. 직무와 관련된 특별한 경험이 있다면 반드시 넣어야 한다. 단순 아르바이트 경험도 좋다. 그동안 해온 노력을 보여주는 것이고, 그게 바로 당신의 강점이다.

둘째, 지원하는 기업과 관련된 최신 트렌드나 현재 추진 중인 중점 전략에 자신의 생각을 담아라. 최신 뉴스, 사업보고서 같은 자료는 조금만 노력하면 인터넷 기사, 팍스넷, 경제연구소, 전자공시시스템 등에서 쉽게 얻을 수 있다. 현직자에게 조언을 얻으면 더욱 좋다. 예를 들어 운전하는 사람들에게는 의무 가입인 자동차보험으로 손해보험사들이 치열한 경쟁을 하고 있다. 낮은 보험료, 특약 등으로 고객 유치를 위해 사활을 걸고 있다. 업계의 이슈사항에 대한 자신의 견해나 솔루션을 제시한다면 면접관이 관심을 가질 수밖에 없다. 면접 보기 전날에도 그 이슈로 상사에게 압박당하거나 부하직원을 괴롭혔을 확률이 높기 때문이다.

셋째, 지원동기와 자신의 브랜드를 포장하라. 당신이 돈을 벌기 위해 지원했다는 건 면접관도 안다. 그럼에도 기업에 지원하는 특별한 동기를 보여줄 필요가 있다. 기업에서 주최하는 공모전, 평소 관심을 가졌던 분야, 전공 등이 모두 해당된다. 여기에 남들과 차별화되는 경쟁력을 보여라. 당신만의 브랜드를 더해 지원동기를 포장하는 것이다.

넷째, 지원하는 회사에 자신이 줄 수 있는 비전을 제시하라. 최종합격을 하게 되면 회사의 브랜드 가치를 누릴 수 있다. 그만큼 당신도 회사에 성과로 보답해야 된다. 어떻게 도움을 줄 수 있는지, 당신의 가능성과 입사 후 포부를 정리한다.

위에서 제시한 사항을 전부 넣을 필요는 없다. 준비를 하면서 잘 안 되거나 맞지 않는 것이 있다면 과감히 생략하고 나머지 법칙에 집중하면 된다. 면접에 정답은 없지만 자신에게 맞는 스타일은 있다. 준비를 하고 반드시 사전 연습을 해보자. 녹화하기를 추천한다. 녹화를 하면 자신의 표정과 스피치 시간을 체크할 수 있다. 좀 더 용기를 낸다면 가족이나 가까운 지인 앞에서 시연해 볼 수 있다. 나는 첫 취업준비생 시절 긴장을 많이 했다. 준비한 자기소개를 하려고 하면 생각이 나지 않거나 말이 제대로 이어지지 않았다. 그걸 극복하기 위해 자기소개만큼은 수백 번 연습했다. 만나는 지인들에게 자기소개를 하며 피드백을 받고 자신감을 얻었다. 면접 볼 때 말을 더듬거리거나 제대로 답변을 못할 수는 있지만, 자기소개를 제대로 하지 못하는 건 치명적인 일이다.

03
스펙을 이기는 면접의 기술은 따로 있다

　　취업준비를 하면서 가장 큰 충격을 받을 때는 면접에 탈락했을 때이다. 면접은 최대한의 조건이 갖춰진 장수들이 모여서 하는 전쟁이다. 필요에 따라 대선토론 못지않은 논쟁을 해야 할 때도 있다. 면접의 종류가 다양한 만큼 대응전략도 각각 준비할 필요성이 있다. 이번 장에서는 대표적인 면접유형을 알아보고 그에 따른 기술을 정리해보고자 한다.

　면접은 기본적으로 개인면접과 집단면접이 있다. 개인면접은 다수의 면접관이 한 명의 지원자를 대상으로 많은 질문을 하는 것이다. 자신의 밑천이 드러날 수 있지만 그만큼 자신을 각인시킬 수 있는 면접방식이다. 하지만 사장, 임원 등이 참석하는 임원면접의 경우 튀는 행동이나 답변은 자제하는 것이 좋다. 모 항공사 최종면접에서 일어난 실화이다. 한 지원자가 입장하면서 두

팔을 날개 모양으로 하고 '쉬~~~잉' 소리를 내며 면접장에 들어갔다. 그것을 본 한 임원이 "그대로 회항하세요"라고 말했다. 면접도 보지 못하고 퇴장당한 것이다.

집단면접은 면접관 다수와 지원자 다수가 보는 면접이다. 한 번에 여러 명이 면접을 보는 만큼 면접관은 매의 눈으로 탈락자를 찾으려 한다. 개인면접에 비해 받는 질문의 개수는 적은 경우가 많고 동일한 질문을 여러 지원자에게 할 수 있다. 자신에게 온 질문이 아니라고 방심하다 낭패를 볼 수 있다. 같은 질문을 여러 사람에게 함으로써 비교평가를 하는 것이다. 순발력 있고, 지혜로운 답변이 필요하다. 주의할 점은 옆에 지원자의 답변이 자신의 생각과 같을 수 있다는 것이다. "옆에 지원자와 같은 생각입니다"라고 말하거나 옆 사람이 답변한 것을 앵무새처럼 그대로 말하는 것도 피해야 된다. 자신의 견해를 정리해 보충하거나 새로운 시각으로 접근해 답변해야 좋은 점수를 받는다.

지금까지 소개한 면접의 경우 자기소개를 잘했고, 답변과 태도에 크게 실수하지 않는다면 합격할 수 있다. 하지만 면접의 진정한 꽃이라고 할 수 있는 토론과 PT 면접은 그렇게 쉽지가 않다. 공격과 수비가 적절히 조화를 이뤄야 하는 가장 어려운 면접이라고 할 수 있다.

먼저 토론면접이다. 회사에서 업무를 수행하다 보면 수많은 회의가 있다. 혼자서 하는 것이 아니라 타인의 의견을 경청하며 대안을 제시해야 하므로 소통하며 배려와 공감이 필요한 경우가 많다. 면접관은 지원자들의 토론을 보면서 실제 회사생활에서의 모습을 그려본다. 토론 면접에서 가장 많이 하는 실수는 이기려고 하는 것이다. 흥분해서 자기도 모르게, 상대방을 제압해 자신의 능력을 보이려는 것은 좋은 모습이 아니다. 평소 자신의 생각을 정리해서 발언하는 연습을 하지 않는다면 조금 힘들 수도 있다. 하지만 너무 부담 갖지 말자. 토론면접은 발언기회도 적고, 적절한 기술이 있다면 충분히 커버할 수 있다. 토론면접에서는 명확한 결론을 도출하기 힘든 주제가 나온다. 찬성이든 반대든 크게 상관이 없다. 자신의 의견을 편하게 이야기하면 된다. 수준이 다 거기서 거기다. 지원자들을 평가하는 면접관도 마찬가지다.

자신의 발언이 끝났다면 경청하며 메모하는 모습을 보이자. 상대방의 이름이나 특징 등 편리한 대로 적고, 발언의 키워드를 메모하자. 발표자를 바라보며 긍정적인 표정과 공감하는 자세가 중요하다. 각자 발언이 한 번씩 끝나면, 사회자나 면접관이 이제 상대방 의견에 서로 반박하며 토론을 시작하라고 할 것이다. 이때부터가 진짜 시작이다. 질문 없이 끝까지 침묵만 하다간 떨어진다. 어차피 해야 한다면 자신이 원하는 타이밍에 원하는 지원자에게 질문을 하는 것이다. 적절히 치고 빠지는 것이 중요하다. 선택을 해야 한다. 상대편 중 누구한테 질문할 것인지, 자기편에 의견을 보충할 것인지 눈치게임이 시작된다.

면접관련 책들을 보면 이때 무슨 말을 해야 하는지 내용까지 완벽하게 써주는 경우가 있다. 하지만 토론면접에 주제가 같을 수 없고, 운 좋게 주제가 같다고 한들 여러 가지 변수가 너무나 많다. 상황을 보고 상대편에 적절히 질문을 하는 것이 가장 좋다. 상대편이 발표를 할 때 멍 때리지만 않았다면, '구멍'이 누구인지 보일 것이다. 내가 무슨 말을 하고 싶은지 알 것이다. 상대편의 약한 부분을 공략하자. 너무 냉정하다고? 토론면접은 생존 서바이벌이다. 토론방식으로 정당하게 경쟁하는 것이다. 보통 논리에 허점을 보이거나 긴장해서 더듬거리는 지원자가 꼭 한 명 이상 있다. 질문할 때 일반적인 형식은 상대편 의견에 반박을 하고, 우리 팀 진영의 논리를 근거 있게 제시하는 것이다. 찬성과 반대가 대립하는 의견을 듣다 보면 접점이 되는 포인트들이 있다.

　질문을 하면 상대방은 크게 두 가지 반응을 보인다. 무난한 답변을 하거나 당신을 공격하는 것이다. 어떤 반응을 보여도 당신에게 나쁠 것이 없다. 흥분해서 당신을 공격하는 사람이 나오면 더 좋다. 차분히 예의를 갖추어 짧게 답변만 해라. 당신의 점수는 쌓일 것이다. 질문을 한 다음에 자신을 돋보일 수 있는 방법이 있다. 상대편의 반박이나 공격에 대한 우리 편의 답변에 보충의견을 내는 것이다.

　이 모든 과정에서 예의를 지켜야 한다는 것을 명심하라. 흥분하는 모습을 보이면 끝이다. 거친 공격을 당하거나 질문이 많이 들어와도 차분히 예의를 갖춰 답변한다면 좋은 점수를 받을 것이다. 토론면접에서는 질문, 보충, 예의 3가지만 잘 수행하라.

토론을 하다가 감정이 격해져 큰소리를 내는 경우가 있다. 상대방에게 적대적인 감정을 그대로 드러내는 사람들도 있다. 그런 경우 아무리 말을 잘해도 마이너스다. 토론면접을 평가하는 것은 면접관들이다. 회사에서 회의를 진행할 때 공격적이고, 굳이 상대편을 때려눕힐 필요가 있겠는가? 회사는 그런 사람을 결코 선호하지 않는다.

다음 PT면접이다. PT면접에 자신 있는 취업준비생은 많지 않을 것이다. 하지만 PT면접에서 나오는 주제는 토론면접과는 달리 어느 정도 예측할 수가 있다. 나는 면접 전 PT면접이 있다는 정보를 듣고 취업커뮤니티, 인터넷에서 검색해 지난 채용 때 어떤 주제들이 나왔는지 정보를 얻었다. '아, 이런 주제가 나왔구나' 참고만 하고 면접장에 갔다. 막상 면접장에 가보니 지난 주제들이 그대로 나왔다. "왜 지난 채용에 나왔던 주제랑 같나요?" 하고 따지는 지원자는 없다. 담당자 입장에서는 매번 업데이트 하는 것도 귀찮은 일이다.

PT면접의 경우 자료를 너무 잘 만들려고 하지 말자. 시간도 짧고, 사실 내용은 중요하지 않다. 면접관은 PT내용에 집중하지 않는다. 영화도 연속으로 두 편 보기가 힘들다. 당신이 만약 하루 종일 고등학생들이 짧은 시간 동안 준비한 완성도 떨어지는 PT발표를 듣는다고 생각하면 공감하기 쉬울 것이다. 그렇다고 PT면접을 대충봐도 된다는 것이 아니다. 선택과 집중을 하자는 이야기다. 시간이 없더라도 목차를 넣자. 유일하게 사람들이 집중하는 부분이다. 글은 최소화하고, 가독성을 위해 표를 넣는 것도 좋다. 가장 중요한 것은 결론이다. 아무리 지루한 발표라도 끝부분만큼은 집중한다. 결론은 발표내용을 정리하는 문장으로 구성하고, 자신의 생각을 담으면 된다.

  이때 신경 써야 될 것은 발표 자세와 말의 속도이다. 면접을 볼 때는 면접장이라는 특수한 장소에서 사람들이 자신에게 집중하고 있다 보니 말하는 것에만 너무 신경을 쓴다. 무의식적으로 몸을 흔들거나 짝다리를 짚는다. 또한 암기한 내용을 잊어버리지 않기 위해 말이 빨라진다. 조금만 신경 쓰면 하지 않을 실수들이다. 어떤 면접이든 자신의 실력을 100% 발휘하면 합격할 수 있다. 지방대가 SKY를 이길 수 있는 것이 면접이다. 자신에게 맞는 면접전략을 세워서 임한다면 충분한 승산이 있다.

04 면접에 반드시 나오는 질문 8가지

면접 보기 전 시간이 없어도 반드시 준비해야 할 2가지가 있다. 자기소개 준비와 입사지원서 점검이다. 자기소개의 중요성에 대해서는 더 이상 언급하지 않겠다. 보통 면접 때 4~5개의 질문을 받는다면 2~3개는 입사지원서를 바탕으로 질문한다. 나머지는 공통질문이다. 자기소개서 항목도 기업마다 비슷한 경우가 많다. 여기서는 바쁘더라도 꼭 준비를 해야 할 질문들을 소개한다.

1. 본인의 강점과 약점

자기소개서 항목이나 면접에 나오는 흔한 질문이다. 강점은 무작정 자랑만 하는 것이 아니고, 약점은 있는 그대로 이야기하면 곤란하다. 면접은 친목모임이 아니다. 기업의 비즈니스 중 하나이다. 면접관은 질문을 통해 지원자를 평가하는 것이다. 자기소개서와 일관성 있게 이야기하되, 의미를 더해도 좋다. 면접장에서 받는 모든 질문에는 짧게 답하는 것이 좋다. 궁금하면 면접관이 더 물어본다.

2. 다른 회사 지원 유무

면접장에서 이런 질문을 받는다면 긍정의 신호로 받아들여도 좋다. 관심의 표현이다. 답변만 잘한다면 큰 점수를 얻을 수 있다. 간혹 회사에 대한 충성심을 보이기 위해 다른 곳에는 지원하지 않았다고 거짓말을 하는 경우가 있다. 면접관들도 다 안다. 당신이 머리 쓰는 소리까지 면접관들에게는 다 들린다. 이어지는 면접관의 질문은 크게 2가지다. "다른 곳에도 합격하면 어디를 갈 건가요?", "그 회사에서 떨어진 이유가 무엇이라고 생각하세요?"이다.

처음 질문에 "저도 사람인지라 고민이 됩니다"라는 식의 어리석은 답변은 하지 않길 바란다. 실제로 그렇게 답변하고, 떨어지는 사람을 봤다. 뻔한 거짓말도 안 되지만, 솔직함이 무조건 정답이 되는 것도 아니다. 면접은 당신의 입장이 아닌 면접관의 입장에서 생각해야 한다. 면접이 어려운 이유는 진실과 포장을 적절히 분배해야 하기 때문이다.

기업 입장에서는 지원자가 괜찮으면 분명 다른 곳에서도 합격할 가능성이 있다고 생각한다. 합격한 곳이 없다고 하면 그 이유에 대해서 물어볼 수 있다. 이때는 변명이 아닌 객관적인 이유와 교훈을 말하는 것이 좋다. 나는 합격한 곳이 한 군데도 없는 상황에서 다음과 같은 질문을 받았다.

"합격한 곳이 없다면 다른 곳에서 면접을 본 적이 있나요?"

"네, 있습니다. ○○에서 면접을 봤지만 떨어졌습니다."

"그 이유가 무엇이라고 생각하나요?"

"교만했던 것 같습니다. 공모전으로 CEO상을 수상했고, 인턴 경험까지 있었습니다. 그 회사 면접만 한 달 가까이 준비했고 다른 지원자들보다 '제가 훨씬 낫다'는 생각을 했습니다. 이런 점이 면접관들에게 보였던 것 같습니다."

나는 탈락의 이유를 내게서 찾았고, 그 이후 자신을 돌아보고 교만하지 말아야겠다는 교훈을 얻었다고 답변했다. 회사에 들어와 보니 무슨 일에 대해 항상 남 탓을 하는 사람들이 있다. 자기방어를 위해서 그런 것도 있겠지만 상사는 부하직원의 이런 태도를 정말 싫어한다. 회사생활을 하는 면접관들도 마찬가지다. 탈락 원인을 내게서 찾는 답변을 하자 면접관들의 반응은 좋았고 결과는 합격이었다.

3. 윤리적인 가치관

회사생활을 하다 보면 수많은 판단을 해야 한다. 잘못된 선택을 반복하면 본인뿐 아니라 함께 일하는 사람들까지 큰 피해를 입을 수 있다. 올바른 가치관이 필요한 순간도 많다. 그래서 지원자의 가치관을 평가할 수 있는 질문을 할 것이다. 예를 들면 이런 것이다.

"직속상사가 회사의 방침에 어긋나는 지시를 하면 어떡할 건가요?"

조직에 잘 적응하려면 상사와의 관계가 중요하다. 하지만 회사의 방침도 당연히 준수해야 할 의무다. 2개의 가치가 충돌하는 순간이다. 회사생활을 하다 보면 흔히 일어날 수 있는 일이다. 실제 내가 했던 답변이다.

"일단 상사와 방침에 관련하여 정중하게 대화를 시도하겠습니다."

"대화를 시도했는데 여전히 지시한다면요?"

"한 번 더 대화를 시도하겠습니다. 지시를 수행하고 싶으나 방침과 관련된 저의 곤란함을 충분히 설명 드리겠습니다. 만약 그래도 여전히 지시한다면 더 높은 상사에게 이 상황을 보고 드리겠습니다."

질문이 어렵다고 해서 자신감 없는 말투로 어중간한 대답을 하는 경우가 있다. 그 자체로 감점이다. 소신을 가지고 정확하게 자신의 의견을 전달하자.

4. 학창 시절의 경험

학창 시절은 거의 모든 기업에서 고정적인 항목이다. 면접 때 자신의 진가를 가장 잘 드러낼 수 있는 질문이기도 하다. 지원자가 실제로 작성한 내용을 중점으로 물어볼 확률이 높기 때문이다. 기업이나 지원직무와 관련된 경험을 적으면 전략적인 면접 준비를 할 수 있다. 학창 시절의 경험과 관련된 질문은 지원자의 대인관계, 도전정신, 리더십, 열정 등을 보여줄 수 있는 좋은 기회이다. 성과가 없더라도 실패한 경험에는 교훈을 반드시 포함시키자.

나는 학창 시절에 관한 자기소개서를 작성할 때 기업과 지원직무와 관련된 일만 적었다. '회사에서 주최하는 공모전 도전', '가산점 있는 자격증 취득', '학창 시절 경험을 통해 회사 지원 결심' 등이다. '학창 시절부터 귀사의 지원직무를 수행하기 위해 엄청난 노력을 했습니다'라는 메시지를 전달하기 위해서이다.

5. 취미나 특기사항

소개팅에서나 나올법한 질문을 왜 하는지 생각해보라. 회사에서는 일을 하다 보면 스트레스를 받을 수밖에 없다. 직장인들은 이런 스트레스 관리도 중요하다. 만병의 근원 '스트레스' 아닌가. 이 질문에는 육체 및 정신 건강을 위한 당신만의 취미생활을 말하면 된다. 색다른 취미생활을 말해도 되지만 추가질문이 올 수 있다. 추가질문을 생각해 전략적으로 말할 수 있다. 다만 거짓말로 지어내지는 말자. 면접관이 즐길만한 가장 흔한 것은 골프와 낚시다. 이런 취미나 특기는 처음 만난 사람과도 한 시간을 넘게 대화할 수 있다.

직무수행과 연관이 있는 취미나 특기도 괜찮다. 예를 들어 증권회사에 지원하는데 자신의 취미가 주식투자, 증시뉴스 보기일 수도 있다. 특별히 자신만의 취미나 특기가 없다면 만들면 된다. 명심하자. 무언가를 시도하기 가장 좋을 때가 취업준비생 시절이다.

6. 압박질문

기업 입장에서는 압박질문을 통해 지원자의 인성과 대처를 보고 싶어 한다. 본인도 알고 남이 봐도 쉽게 알 수 있는 약점이 주로 나온다. 학점, 토익, 졸업 후 공백기, 편입 등 기업 입장에서는 공격할 부분들이 많다. 압박질문인지 알면서도 면접관의 꼬리질문과 추궁에 무너지는 면접자들을 종종 볼 수 있다. 주의할 점은 변명을 하면 구차하게 보이고 더 강한 추궁이 들어올 수 있다는 것이다. 지원하는 입장이니 아쉬운 사람이 숙일 수밖에 없다. 처음에는 무조건 인정하라.

나는 첫 취업준비를 할 때 無토익이었다. 당연히 면접장에서 압박질문을 받았다. 내 대답은 "면접관님의 말씀이 맞습니다"로 시작했다. 토익점수가 없는 대신 영어 말하기, 공모전, 해외봉사활동 등 다른 가치에 투자했다고 말한 다음 앞으로 자기계발을 통해 영어능력을 키우겠다고 했다. 영어 관련 질문을 받을 때마다 비슷하게 대응했다. 100% 합격이었다. 요즘 신입사원들은 감정적이고, 스트레스에 취약하다는 평가가 많다. 기업에서는 미리 이런 상황을 만들어 테스트를 해본다는 의미가 크다.

다른 질문을 받을 때도 마찬가지지만 압박질문을 받을 때는 웃는 표정과 미소에 더욱더 신경 쓰자. 압박질문으로 절대 상처받지 말자. 입사 후 상사한테 혼나거나 지적받는 일은 100% 생긴다. 압박의 체감은 전혀 다르겠지만 말이다.

7. 퇴직사유

재취업을 할 때 100% 받는 질문이다. 직장을 다닌다면 이직사유를 물을 것이다. 내가 직접 이직을 겪고, 수많은 경력자들을 만나보면 퇴직의 이유는 크게 세 가지다. 돈, 사람, 비전이다. 업무 강도가 심하고, 야근을 많이 한다고 하자. 월 천만 원씩 줘도 사표를 낼까? 직장인들은 자신이 일하는 만큼 보상받지 못한다고 생각하기에 퇴사를 한다.

두 번째는 사람이다. 업무가 아무리 힘들어도 서로 격려해주고, 존중하는 문화라면 참고 다니는 경우도 있지만 상사와의 갈등이 깊어져 감정적으로 사표를 내는 사람들이 많다. 이직사유로 가장 좋은 답변은 비전이다. 자의든 타의든 회사에서 자신의 비전을 실현할 수 없는 상황은 분명히 있다. 비정규직으로 계약기간이 만료됐거나 더 이상 회사생활을 할 수 없다고 판단해서 퇴사를 하는 경우이다. 경력으로 인정받기 위한 최소한의 기간은 3년이다. 1년 미만인 경우는 아예 쓰지 않는 것이 유리할 수 있다. 단 취업공백기에 대한 논리를 만들어야 한다.

8. 마지막 한마디

기업에서는 면접을 마무리할 때 지원자들에게 질문을 하거나 마지막으로 한마디 할 기회를 준다. 마지막 한마디는 아무 소용이 없다고 말하는 사람들도 있지만 당신이 합격인지 불합격인지는 아무도 모른다. 1%의 영향도 없다면 기업에서 왜 묻겠는가? 마지막까지 포기하지 말고 당신의 열정을 보여라. 이 회사에서 얼마나 일하고 싶은지, 비전이 무엇인지 당당하게 이야기하자. 탈락에서 합격이 되는 반전이 될 수도 있다.

면접 볼 때 쉬운 질문에도 당황하며 말을 심하게 더듬거나 어이없는 답변을 하는 경우를 자주 봤다. 들어보면 입사지원서만 점검해도 충분히 예상할 수 있는 질문들이 많았다. 자신의 입사지원서를 읽으며 위에서 소개한 질문들을 간결하게 정리해보자. 불안감이 크게 줄어들고 자신감이 생길 것이다. 그만큼 합격가능성이 올라갈 것이다.

05
면접관을
내 편으로 만들어라

　　자신감은 중요하다. 면접에서 황당한 질문을 받아도 자신감 있는 태도로 대답하는 것이 좋다. 누구나 알고 있지만 실전에서 자신감 조절에 실패하는 경우도 많다. 면접장에서 힘의 우위는 면접관에게 있다. 자신감을 보여주기 위해 오버하는 경우가 있는데, 이는 면접관의 힘에 맞서려는 것이다.

"토익점수요? 고득점을 받아도 실전에서 회화도 못하는 토익점수가 왜 필요합니까?"

"업계 내 위치가 예전에 비해 떨어졌기에 (지원회사는) 분발해야 된다고 생각합니다."

"그런 질문은 불쾌합니다. 밖에 나가면 저도 고객입니다."

"(질문이 끝나자마자) 모르겠습니다."

실제 면접에서 나왔던 답변들이다. 면접관들은 지원자의 이런 답변을 들으면 "오, 이것 봐라. 똘똘하네?"라고 절대 생각하지 않는다. 내가 봤던 면접관들의 표정은 한마디로 '그래, 넌 탈락! 안녕'이었다. 면접관의 힘에 맞서지 말고, 그 힘을 이용하는 것이 중요하다. 면접관을 자기편으로 만드는 것만큼 좋은 것은 없다.

개인적으로 가장 중요하게 생각하는 채용단계는 실무진 면접이다. 의아해 하는 사람도 있을 것이다. 최종결정은 임원면접에서 하는 것이기에 동의하지 않을 수도 있다. 내가 그런 생각을 하는 이유는 면접과정은 결코 제로베이스가 아니기 때문이다. 같은 실무진 면접 합격자라고 해서 최종면접에서 동일한 출발이 아니라는 것이다. 임원면접을 보러 들어갈 때 당신에 대한 선입견이 존재한다. 바로 1차 실무진 면접에서 받은 점수이다.

경험상 최종면접을 본 후 내 느낌은 거의 맞았다. 아니 100% 맞았다. 1차 실무진 면접을 잘 봤다고 생각한 경우 특별한 어려움 없이 순조롭게 합격했다. 최종면접에 떨어지고 나서 '답변도 잘했는데 이유를 모르겠다'고 하는 사람들의 후기를 읽어봤을 것이다. 1차 면접점수의 영향이 크다고 생각한다.

당연한 말이지만 면접관에게 점수를 따는 것은 여러모로 좋은 것이다. 그렇다면 면접관들에게 긍정적인 이미지를 주는 방법에는 무엇이 있을까? 가장 좋은 방법은 면접 전에 좋은 이미지를 심어주는 것이다. 은행에 최종합격한 선배가 있다. 채용설명회 때 질문도 하고 자신이 어떤 노력을 했는지 좋은 인상을 심어줬다. 1차 실무진 면접에서 좋은 인상을 줬던 직원이 면접관으로 앉아 있었고, 자신을 기억했다고 한다. 소개한 사례는 운이 따른 케이스이다. 지원기업의 인턴을 하는 경우를 제외하고, 대부분 면접장에서 면접관을 처음 볼 것이다. 다음은 면접관을 내 편으로 만들기 위해 취업고수들과 내가 신경 썼던 행동들이다.

첫째, 다른 지원자가 대답할 때 경청하고 동조를 보여라. 함께 면접을 보는 지원자는 경쟁자가 맞다. 옆에 지원자가 답변을 잘하면 상대적으로 당신이 불리할 수도 있다. 하지만 '우분투'라는 말이 있다. 아프리카에 어린이들이 뛰어놀고 있었다. 한 외국인이 근처 나뭇가지에 사탕바구니를 매달았다. 아이들에게 뛰어서 가장 먼저 도착하는 한 사람이 차지할 수 있다고 했다. 그러자 아이들은 다 같이 손을 잡고 그것을 함께 나누어 먹었다고 한다. 함께 손잡고 간 이유에 대해 묻자 아이들은 대답했다. "한 사람이 다 가지면 다른 사람들이 슬퍼하는데 어떻게 혼자 행복할 수 있나요?"

물론 면접은 경쟁이지, 양보와 화합이 아니다. 취업전쟁시대에 면접은 그야말로 생존서바이벌이다. 그런 극한상황임에도 경쟁자의 의견을 경청하고, 배려하는 모습은 더 높은 평가를 받을 수 있다. 나는 이런 생각을 가졌다.

'함께 면접을 보는 지원자들을 협력자라고 생각하자.'

면접 분위기가 좋아 다 같이 면접을 잘 보면 우리 조에서 많은 사람들이 합격할 수 있다는 기대를 가졌다. 면접을 볼 때 지원자들의 끈질긴 공격을 받을 때가 있었다. 상대방은 공격적인 자세로 큰소리를 치며 흥분된 태도를 보였다. 나는 함께 흥분하지 않고, 웃으면서 상대방의 질문에 친절히 답변했다. 속담까지 써가며 여유 있는 모습을 보였다. 이런 태도는 면접관들에게 좋은 인상을 주었고 합격에 긍정적인 영향을 주었다.

둘째, 본인 열정의 200%를 보여라. 면접은 공부를 얼마나 잘하는지 보는 것이 아니다. 밝은 표정과 열정을 보여야 한다. 최종 면접을 저녁 늦게 본 적이 있다. 면접순서가 뒤에 있어서 2시간을 넘게 기다렸다. 면접을 진행하는 인사담당자가 오더니 "임원들이 오전부터 면접을 봐서 지금 지쳐 있습니다. 이럴 때 큰소리로 열정 있는 모습을 보이면 좋은 점수를 받을 겁니다"라고 조언해주었다. 대기업 면접의 경우 사람이 많아 2~3일 동안 진행하는 경우가 흔하다. 하루만 보더라도 수백 명의 비슷한 지원자들을 만난다. 피곤하고 지치는 일이지만 열정 있는 사람에게는 눈이 갈 수밖에 없다. 기존 직장인들 가운데 열정 있는 사람은 보기가 쉽지 않다. 열정은 신입사원들만의 특징이고 무기이다.

마지막으로 질문의 요점을 빠르게 파악하자. 면접을 볼 때 의외로 질문을 못 알아듣는 사람들이 많다. 못 알아들었다면 "죄송하지만, 다시 말씀해주시겠습니까?" 하면 된다. 문제는 이런 질문 없이 동문서답하는 것이다. 질문의 요지를 제대로 파악하지 못하는 지원자는 좋은 이미지를 주지 못한다. 면접에 나오는 모든 질문은 목적이 있다. 숨은 의도가 있다는 것이다. 빠르게 파악하고 답변하기에도 시간이 부족하다. 질문 자체를 이해하지 못하거나 엉뚱한 대답을 하지 말아야 한다. 긴장해서일 수 있지만, 단순 암기식의 면접 준비도 영향이 있다. 예를 들어 이런 경우다.

"당신이 다른 지원자들에 비해 가지고 있는 강점 3가지를 말하세요."

실제 면접에 나왔던 질문이다. 같은 조에 어떤 지원자는 1가지만 말하고 끝내버렸다. 몇 초 시간이 흘러도 아무런 말이 없자 면접관은 짜증을 내며 3가지를 말하라고 압박했다. 질문을 들은 사람은 당황했는지 처음에는 아무 말을 못했다. 면접관이 악센트를 주어 반복해서 말했다. "강점 3가지를 말하라고, 3가지를!" 2번의 반복된 질문 끝에 지원자는 간신히 자신의 강점 2가지를 더 답변했다. 처음부터 질문을 잘 이해했다면 굳이 당하지 않았을 압박이었다.

지금까지 소개한 점들을 신경 쓰며 면접을 볼 수 있다면 합격률이 2배로 올라갈 것이다. 그렇다고 면접을 볼 때 너무 절박한 상태가 되지는 말자. 경험상 절박함이 클수록 생각이 많아지고 실력발휘를 하지 못했다. 마음을 비우고 '이 회사에서 떨어져도 다른 곳에 갈 수 있다'는 생각으로 임하면 합격했다. 면접을 보는 사람은 누구나 절박하다. '날 떨어뜨리면 당신들은 실수하는 거야'라고 생각하며 마인드컨트롤을 해보자.

06
나만의 스토리로
면접관을 집중시켜라

대한민국 취업준비생의 흔한 패턴을 소개한다. 4시간 동안 정성 들여 자기소개서를 완성했다. 입사지원을 하고 시간이 흘러 발표 날이 왔다. 서류합격 결과가 나왔으니 확인하라는 메시지를 받는다. 불안하다. 합격했다는 메시지가 아닌 확인하라는 메시지다. 떨리는 가슴을 진정시키고, 채용홈페이지에 들어가 메일주소와 비밀번호를 입력한다. 비밀번호가 잘 기억나지 않는다. 기억을 더듬어 비밀번호를 찾아내고, 로그인을 한다. 결과는 탈락이다. '귀하 같은 인재와 함께 하지 못해……' 전형적인 탈락메시지다.

이후로도 수십 군데에서 서류가 떨어지고, 간신히 한 군데에 합격한다. 운 좋게 필기시험을 합격해 면접 볼 기회를 얻었다. 자기소개서를 출력하고, 예상 질문과 답변을 만들었다. 적지 않은 양이지만 열심히 외워본다. 드디어 면접날이다. 면접장에 가니 심장이 떨리고 긴장돼서 암기했던 내용들이 기억이 나질 않는다. 기다리면서 긴장도 풀 겸 옆에 지원자들과 대화를 해본다. 지원자들의 학교는 나보다 높은 서열에 있는 학교다. 내 경쟁상대가 그들이라는 것이 나를 위축들게 만든다. 면접 자체도 긴장되는데, 학벌이 더 좋은 사람들과 같은 조라니……. 아무래도 떨어질 것 같다.

 이제 우리 조가 면접장에 들어간다. 인사 후 바로 자기소개를 한다. 내 차례가 왔다. 야심차게 준비한 내 소개를 한다. 면접관들은 아무 반응이 없다. 질문이 시작됐다. 지원자들은 거침없이 답변하기 시작한다. 나보다 더 좋은 학교라서 그런가 왠지 똑똑한 것 같다. 한 면접관이 나를 본다. 왜 이 회사를 지원했는지 물어본다. 지원동기에 대한 인터넷 베스트 답변을 외웠다. 심호흡을 하고, 암기한 내용을 마치 내 이야기인 것처럼 자연스럽게 답변했다. 면접관의 표정을 읽을 수 없다. 느낌이 좋지 않다. '다시 질문이 오면 더 잘할 수 있을 것 같은데…….' 옆에 지원자 중에서 답변을 잘 하는 사람이 눈에 띈다. 나도 저렇게 답변할 걸, 후회를 한다.

 어느새 면접이 끝나버렸다. 마지막으로 할 말 있는 사람은 손을 들어보라고 한다. 아무도 손을 들지 않는다. 굳이 들어봤자 뭐하나 싶어 그냥 집에 왔다. 가슴이 진정되지 않는다. 주변 사람들에게 여기저기 전화를 건다. 내가 면접을 잘 봤는지 못 봤는지 피드백을 얻고 싶다. 지인들에게 면접에 관한 이야기를 하면 할수록 진짜 면접을 못 봤다는 생각이 든다. 사람들 반응도 별로 좋지 않아 더 우울하다. 그래도 혹시 모르니 발표 날까지 기다려보자.

지금까지 가상의 취업준비생의 면접과정 이야기를 소개했다. 가상이지만 공감이 가는 사람들도 많을 것이다. 면접을 보고 나면 자신만의 느낌이 있다. 본인이 잘 봤다는 생각이 든다면 정말 잘 봤을 확률이 높다. 못 봤다는 생각이 든다면 뭔가 실수를 했거나 떨어질 확률이 높다. 잘 봤다고 생각해도 떨어지는 게 면접이다. 면접을 못 본 것 같은데 합격한 케이스는 분명 다른 무언가가 있었을 것이다. 1차 면접점수가 좋았든지, 경쟁자가 더 면접을 못 봤든지 말이다. 취업준비를 할 때 가장 조심해야 할 것은 면접에서 떨어졌을 때 담담해야 된다는 것이다. 하지만 절박하게 임한 회사 면접에서 2번만 떨어져도 정신이 무너진다.

수십 군데에 서류탈락을 하고 힘들게 얻은 면접기회이다. 긴장해서 제 실력 발휘를 못하는 억울한 일이 생기면 안 된다. 떨지 않고 실력 발휘를 하는 것이 프로이다.

면접에는 패자부활전이 없다. 탈락하면 끝이라는 극한의 상황에서 면접관들을 집중시킬 수 있어야 한다. 하지만 실제 면접을 볼 때에는 '여기서 실수하면 끝장'이라는 생각 때문에 실력을 발휘하기가 쉽지 않다. 면접을 보기 전 외웠던 답변들도 잘 생각이 나질 않는다.

4장 면접관을 미래의 상사라고 생각하라

면접관들을 집중시키는 가장 좋은 방법은 바로 내 이야기를 하는 것이다. 나는 보험회사 지점장을 하면서 매일 아침 9시에 20~30명의 설계사 앞에서 정보미팅을 진행했다. 30~50분 동안 보험 상품, 금융트렌드 등을 교육해야 했다. 설계사들을 집중시켜야만 성공적인 정보미팅이라고 할 수 있다. 정보미팅을 진행하면서 사람들의 집중도가 높을 때에는 내 이야기를 할 때였다. 나만의 이야기는 외울 필요가 없다. 답변에도 신뢰감을 주며 사람들을 집중시킬 수 있다.

　면접을 볼 때 나를 편하게 해준 나만의 이야기는 스타크래프트였다. 생소해하는 면접관도 있었지만 순수한 자기 이야기를 하면 면접관은 흥미를 가질 수밖에 없다. 다른 지원자에게서는 들어본 적이 없기 때문이다. 취업관련 책이나 인터넷에서 쉽게 볼 수 있는 사례는 당신뿐 아니라 다른 지원자들도 썼을 확률이 높다. 그런 이야기들로는 면접관의 흥미를 끌 수 없다. 다만 자신의 이야기를 할 때 주의할 점이 있다. 길게 이야기하지 않는 것이다. 짧고 간결하게 대답한다는 생각을 계속 가지고 이야기를 적절히 끊을 수 있어야 한다. 답변만 짧게 해도 실수할 확률은 크게 줄어든다. 짧게 답변을 하면 면접관이 계속 질문을 할 수밖에 없다. 면접의 주도권을 당신이 쥘 수 있는 것이다.

　면접관을 집중시킬 수 있는 이야기는 크게 2가지가 있다. 첫째, 스타크래프트 같이 남들이 자기소개서나 특기에 흔히 쓰지 않는 소재여야 한다. 둘째, 당신이 하고 싶은 이야기가 아닌 면접관이 듣고 싶은 이야기를 하는 것이다. 면접관이 듣고 싶어 하는 이야기와 자신의 경험을 연관 지을 수 있다면 합격은 따 놓은 당상이다. 실제로 최종면접을 볼 때였다. 한 임원은 내 과거 경력 중 한 부분에 집중적으로 질문을 했다. 나는 의도적으로 짧게 답변하며 추가질문을 유도했다. 그 주제에 관련된 질문만 받고 면접이 끝나버렸다. KTX를 타고 집으로 내려가는데 그날 면접을 본 회사에서 연락이 왔다.

"아까 면접 때 임원 분에게 이야기했던 관련 자료 좀 메일로 보내줄 수 있나요?"

면접을 봤던 한 임원이 내가 제안한 프로그램에 평소 관심이 많은 상태였고 바로 합격을 시켜버린 것이었다. 나는 면접 전 업계조사를 통해 비슷한 방식으로 추진하고 있는 정책들이 많을 것이라고 추측했다. 내 경험을 통해 제안한 내용은 면접관이 듣고 싶어 하는 내용이었다.

채용과정에서 자신만의 이야기는 브랜드이자 트레이드마크가 될 수 있다. 면접관을 집중시키기 위한 나만의 이야기를 만들어 보자.

07
면접관을 미래의 상사라고 생각하라

내가 신입사원으로 면접을 볼 때와 경력사원의 자격으로 면접을 볼 때 가장 큰 차이점이 있었다. 면접관들에 대한 나의 생각과 태도였다. 회사생활을 모를 때는 면접관들은 다른 세계의 사람이라고 생각했다. 그만큼 멀게만 느껴졌다. 경력직 면접을 볼 때에는 미래의 내 상사가 될 사람이라는 생각과 함께 친근감이 들었다. 가장 큰 깨달음은 면접관을 이해하고 가면 면접이 편하다는 것이다. 면접이 두렵고 긴장되는 이유는 어떤 질문이 올지 모르기 때문이다. 면접관의 입장을 이해하고 생각하면 질문을 예측할 수 있다.

나는 면접을 면접관과 대화를 하는 것처럼 해보려고 노력했다. 면접관도 사람이다. 일상생활에서는 면접을 보는 것처럼 의사소통을 하지 않는다. 물론 너무 편하게 생각해 격식을 차리지 말라는 것은 아니다. 하지만 면접관이 공감할 수 있는 개인적인 답변은 좋은 점수를 받을 수 있다.

"처음에는 야근도 많고 주말에도 출근해야 되는데 괜찮겠어요?"

"회사에 나올 수 있는 명분을 주니 감사할 것 같습니다. 사실 돌도 안 된 아들이 있어 육아 때문에 힘들었습니다. 집에 있는 것보다 회사에 있는 것이 나을 수 있습니다."

면접관도 육아를 해본 경험이 있어서인지 웃음을 보였다. 육아를 잘하는 아빠들도 있겠지만, 대한민국의 평범한 남성들은 육아를 능숙하게 잘하지 못한다. 짧은 순간이지만 면접관도 분명 비슷한 경험이 있을 것이라고 판단했다. 면접에서 튀는 것은 조심해야 한다고 앞서 말했지만 상황을 봐가며 면접관에게 자신을 각인시킬 필요는 있다.

신입사원 연수를 받을 때였다. 합격의 비결이 궁금했던 동기가 있었다. 다른 동기들의 경우 대화를 해보면 브랜드나 강점을 쉽게 발견할 수 있었는데 그 동기에게서는 찾아보기가 힘들었다. 혹시나 해서 면접을 볼 때 특별한 점이 있었는지 물어봤다.

"너는 어떻게 합격했어?"

"나? 뭐 특별한 것은 없고 무조건 목소리를 크게 했어. 면접관들이 놀랄 정도로 큰 소리로 답변했지."

의도적으로 큰 목소리로 답변을 하자 한 면접관으로부터 "목소리가 커서 좋네"라는 칭찬까지 들었다는 것이다. 그 동기는 큰 목소리를 내며 열정과 자신감을 가질 수 있었다고 했다. 또 에너지가 넘쳐 대화를 하면서 나도 긍정적인 영향을 받는 것이 느껴졌다.

면접은 지원자 중에 내 부하직원으로 써도 괜찮은 사람을 찾는 과정이다. 자기 부서에 신입사원을 뽑는 심정으로 면접을 본다. 스펙보다 실전에서 잘할 사람을 뽑는다. 출근한 지 얼마 안 돼도 회사에 적응할 수 있고, 실무에 바로 써먹을 수 있는 지원자를 원한다. 기업에서 아무런 경험이 없는 신입보다 올드루키를 선호하는 것이 바로 이런 이유이다.

면접관도 지원자의 상사가 될 수 있다는 생각을 하며 면접에 임한다. 면접관과 지원자는 수평적인 관계가 아니다. 면접관은 당신보다 나이와 경력이 높은 윗사람이다. 수직적인 커뮤니케이션을 연습해야 되는 이유이다. 지금까지는 대부분 수평적인 커뮤니케이션을 주로 해왔을 것이다. 수직적인 대화는 친구들과 대화하듯 할 수 없다. 어투, 눈빛, 태도 등 연습이 필요하다. 면접장에 나오지도 않을 질문들의 답을 외우는 것보다 이런 연습을 하는 게 더 효과적이다.

면접을 볼 때는 비굴하지 않는 선에서 면접관의 권위를 인정해 줄 필요가 있다. 약간의 군기가 든 모습을 보이거나 면접관 및 회사를 칭찬하는 것도 방법이다. 당신의 의도를 면접관에게 들킬 것 같다고? 맞다. 당연히 면접관도 안다. 그래도 면접관은 싫어하지 않을 것이다. 사람은 감정의 동물이다. 칭찬받기를 싫어하는 것으로 유명한 나폴레옹에게 어느 날 부하가 말했다.

"저는 각하를 정말 존경합니다. 칭찬을 싫어하는 각하의 성품을 본받고 싶습니다."

그 이야기를 들은 나폴레옹은 몹시 흐뭇했다고 한다. 칭찬을 싫어하는 사람은 없다. 당신은 면접관의 권위를 인정하며, 적당히 호감을 표시할 필요가 있다. 면접관을 미래의 상사라고 생각하는 것은 같은 공간에서 함께 일한다고 상상해보는 것이다. 면접을 보기 전 '내가 면접관이라면 과연 무슨 질문을 할까?' 생각해보자. 면접관은 함께 일할 사람을 찾는 것이다. 여러 명의 지원자 중 당신이라는 확신을 주어야 한다. 당신만의 전략을 세워 한정된 면접시간 안에 면접관들을 감탄하게 만드는 답변을 만들어보자.

회사와 축구의 공통점은 팀플레이다. 뛰어난 개인기보다는 팀워크가 중요하다. 회사생활에는 암묵적인 법칙이 하나 있다. '일은 잘하지만 싸가지 없는 사람'과 '일은 못하지만 말 잘 듣는 사람' 가운데 누가 승진도 잘하고, 더 잘나갈까? 혼자서 잘난 부하직원은 상사입장에서 아무 소용이 없다. 실무진 면접관들은 회사에서 인정받는 사람들이다. 한 부서를 책임지는 팀장급이 많다. 스펙이 좋다고 해서 이런 면접관들을 만족시킬 수 없다. 스펙만 내세우는 지원자들이 면접에서 떨어지는 경우를 많이 봤다. 면접을 잘 보는 사람들은 눈치가 있다. 질문을 받았을 때 자신의 생각보다 면접관이 듣고 싶은 답변을 할 줄 안다.

첫 취업을 할 때에는 면접에 앞서 불안하고 힘들 수 있다. 재취업일 때에는 그런 걱정이나 힘든 점이 크게 줄어든다. 회사생활을 해보면 면접관이 무슨 생각을 하는지 짐작이 가고, 답변할 자신이 있기 때문이다. 직장생활의 경험이 없을지라도 우리 생활에서도 간접적인 경험은 얼마든지 있다. 남자의 경우 군대생활을 생각하면 될 것이고, 여자의 경우 아르바이트 등을 할 때 사장과의 관계를 생각해보자. 군대도 가지 않았고 아르바이트 경험도 없다면 부모님과의 수직적인 커뮤니케이션을 연습해보자.

5장

대한민국에서 '취준생'으로 산다는 것

01
대한민국에서
'취준생'으로 산다는 것

　　KBS 〈명견만리〉에서 한국의 일자리 구조를 100명이 사는 마을로 가정했다. 마을에는 구직활동이 가능한 15세 이상의 인구 100명이 있다. 학생, 주부, 군 입대 등을 제외하면 경제활동 인구는 62명이다. 이 중 3명은 일할 의사는 있지만 일자리가 없어 실업상태. 15명은 자영업을 하고 있는데, 3명을 제외한 12명은 자본금 1억 원 미만의 생계형이다. 나머지 44명은 회사에 고용되어 월급을 받는다. 14명은 비정규직이고, 30명은 정규직이다. 비정규직은 정규직 급여수준의 절반 정도를 받는다. 이 중 500대 상장기업에 다니는 사람은 3명이며, 최정상의 30대 기업에 다니는 사람은 단 1명이다.

　국내 주요 대기업의 경우 1%만이 들어갈 수 있다. 100대 1의 경쟁률을 뚫어가면서 들어가려는 가장 큰 이유는 연봉일 것이다.

앞장에서도 소개했듯이 대기업의 신입사원 연봉은 중소기업보다 평균 2배 정도 높다. 그럼 신입사원이 아닌 회사 전체 평균연봉은 어떨까? 2017년 11월 22일 JTBC 보도에 의하면 중소기업 월 평균 소득은 224만원으로 대기업의 절반에도 미치지 못한다고 했다. 중소기업 상장사 중에 평균연봉이 3천만 원이 안 되는 곳도 많다. 심지어 천만 원대를 주는 곳들도 있다. 중소기업을 다니는 사람들의 말을 들어보면 업무강도가 낮은 것도 아니다.

다음은 대기업에 들어간 직장인들에게서 볼 수 있는 흔한 딜레마이다. 치열한 경쟁을 뚫고 대기업에 입사하지만 업무강도, 잦은 야근 등을 겪으며 힘들어 한다. 업무강도가 낮고 오래 다닐 수 있는 공무원이나 공기업으로 눈을 돌려보지만 거기도 경쟁률이 높은 건 마찬가지이다. 창업을 하자니 돈은 없고, 특별히 자신 있는 아이템도 없다. 장사는 문 닫는 곳도 많고, 함부로 하면 안 된다는 주변 사람들의 말이 신경 쓰인다. 무슨 일에 도전하기에는 기회비용이 두려워 섣불리 행동으로 옮길 수가 없다.

2009년 호주의 퀸즈랜드 관광청은 '세계 최고의 직업'이라는 타이틀을 걸고, 해밀턴 아일랜드의 섬지기 자리를 공개 모집했다. 해밀턴 아일랜드 해변가 저택에 6개월간 머무는 대가로 1억 5천만 원을 받을 수 있다. 주요 업무는 섬에서 노는 것이고, 이를 블로그에 작성하면 된다. 동반자 1인과 함께 수영장, 골프 등이 무료이다. 최종 경쟁률은 1대 34,000이었고, 채용과정을 세계 언론에서 다뤘다. 전 세계 약 200개국에서 다양한 스펙을 지닌 사람들이 도전했다. 집필능력, 사진 기술, 스노클링 등으로 테스트를 받은 결과, 영국인 지원자 벤 서덜이 최종 1인으로 뽑혔다.

　최후의 1인으로 선발된 벤 서덜은 세계 최고의 직업이라는 명성에 걸맞게 행복했을까? 6개월이 지나고 벤 서덜은 한 인터뷰에서 밥 먹는 시간과 잠자는 시간을 빼고 매일 18~19시간을 일했다고 했다. 상상 이상으로 바빴고, 무슨 일이 일어나는지 되돌아볼 여유도 없었다고 답했다. 자기보다는 함께 머물렀던 여자친구가 최고의 직업을 가졌다고 말했다. 벤 서덜은 6개월 동안 47개의 영상일기를 만들었고, 250개의 언론 인터뷰를 했다. 730번 이상 트윗을 하고, 2,000장이 넘는 사진을 업로드하며, 75,000단어를 사용한 60개 분량의 블로그 글을 올렸다. 6개월 동안 하루도 빠짐없이 자유를 박탈당한 삶이었다. 맛있는 음식이 있어도 제대로 먹지 못하고, 일정에 치인 노예 같은 삶이었다. 6개월이 끝난 후 정규직으로 전환이 되지도 않았다. 퀸즈랜드 관광청은 1억 5천만 원을 투자함으로 1,500억 원의 관광 수입을 올렸다. 벤 서덜은 6개월 동안 휴양지에 관광 온 사람들을 보며, 상대적인 박탈감을 느꼈을 수 있다.

　나는 33세에 3군데의 대기업을 경험한 이력을 가질 수 있었다. 주변을 돌아봐도 흔하지 않는 경력이다. 이직을 하는 과정에서 내가 진정으로 원하는 일이 무엇인지 고민하며 답을 찾기 위해 몸부림쳐야만 했다. 내게 정말 어울리는 직업이 무엇인지 고민하고 또 고민했다. 항상 다른 분야에 일하는 사람들에게 관심을 가졌다. 그들이 하는 말에 귀를 기울였다. 이 책을 쓰면서 의도적으로 각 분야의 다양한 사람들을 만나 대화를 했다. 공무원, 공기업, 교사, 자영업, 대기업, 중소기업, 대학생, 간호사, 전문강사 등의 사람들을 만나 그들이 직업에 대해 가지고 있는 생각과 고민을 들어봤다.

대화를 해보면 현재 자기 직업에 만족하는 사람들을 거의 만날 수가 없었다. 무섭지 않은가? 공무원, 공기업, 대기업 등 대부분 취업준비생들이 열망하는 직업을 이미 가진 사람들도 정작 자신의 직업에 만족하지 못했다. 해밀턴 아일랜드의 섬지기처럼 자신만의 힘든 상황을 이야기하거나 다른 직업과 비교를 했다.

공무원으로 근무하는 지인이 있다. 식사를 하고 차를 한잔하면서 근태에 관해 넌지시 물어봤다. 출근은 오전 9시까지이고, 퇴근은 오후 6시면 한다고 했다. 금융권에 근무했을 당시 매일 오전 7시 전후에 출근하는 나로서는 그의 출근시간이 무척 부러웠는데 뒤이어 들려오는 지인의 말이 놀라웠다. 매일 30분~1시간씩 지각을 하는 사람이 있다는 것이다. 본인은 공무원이 첫 직장이어서인지 그렇게 좋은지는 잘 모르겠다고 답했다. 친한 동생 가운데도 공무원이 있는데 본인이 근무하는 부서만의 힘든 점을 자주 이야기하며 불만을 표출했다. 공기업에 다니는 사람과 대화를 해봐도 상황은 비슷했다. 업무강도가 높지는 않더라도 야근을 자주 하고, 생각보다 박봉이라면서 아쉬움을 나타냈다.

나는 다양한 직군의 사람들과 일에 관한 대화를 하며 한 가지

결론을 내릴 수 있었다. 안 힘든 직업도 없고, 100% 만족할 수 있는 직업도 없다는 것이다. 이것이 남들이 원하는 일이 아닌, 자신이 원하는 일을 해야 하는 중요한 이유이다. 첫걸음은 우선 나를 아는 것이다. 이 책의 앞부분에서도 언급했지만, 내가 원하는 것이 무엇인지 나를 아는 과정을 생략하면 미생에서 벗어날 수가 없다. 자신의 강점을 살려 진정으로 사랑할 수 있는 일을 찾아야 한다. 그게 경쟁력이고, 내게 행복과 만족을 주는 길이다. 메가스터디 손주은 대표의 인상 깊은 인터뷰가 있다.

"동창회를 가면 성공한 친구들은 두 그룹으로 나눌 수 있다. 첫째 그룹은 야간자습을 행복해했던 친구들, 둘째 그룹은 야간자습이 지겨워 미친 친구들이다. 두 번째 그룹에 에너지가 넘치는 친구가 학교 담을 넘는다. 그걸 보고 꼭 따라가는 애들이 있다. 나중에 보니 따라간 애들은 성공하지 못했다."

손주은 대표가 말하는 에너지는 다른 말로 열정이라고 생각한다. 열정 있는 사람들은 남의 시선이 아닌 본인이 원하는 일에 도전할 수 있는 용기를 갖는다. 나는 직업관이 확실하게 서지 않은 상태에서 취업했다. 회사에서 스트레스를 받을 때마다 '진짜 이 길이 맞는 것인가?', '회사를 옮기면 낫지 않을까?'라는 생각이 들었고 답을 찾지 못했다. 답을 찾는 것보다 회사에서 나오는 성과에 집착하며 마음속의 외침을 회피했다. 매일 야근하고 주말에 출근하며 스스로 워커홀릭이 됐다. 이직에 성공하고 연봉이 올라가면서 이런 패턴은 더욱더 심해졌다. 가족이나 지인들과 함께하는 시간을 아까워했다.

　주변을 살펴보면 이런 증상을 겪는 직장인들을 쉽게 찾을 수 있다. 자신이 진정 무엇을 원하는지 모르는 사람들이 많다. 곁에서 보면 평온하지만 다들 마음속으로 폭풍과 천둥 몇 개씩을 안고 있는 것이다.

　취업을 준비하는 기간이 길어지면 부정적인 생각이 들 것이다. 지금 가는 길을 포기하고 싶을 때가 분명히 온다. 꿈을 포기한 채 쉬운 길을 가지 않기를 바란다. 삶에서 직업은 결혼만큼 중요하다. 외롭고 힘들다고 사랑하지도 않은 사람과 결혼했다고 하자. 결혼 후 펼쳐지는 수많은 난관들을 함께 헤쳐 나갈 수 있을까? 서로 사랑하고, 간절히 원해서 결혼을 해도 힘든 순간들이 많다. 취업을 하면 100% 위기가 온다. 이때 어설프게 취업을 하는 사람들은 퇴사를 하거나 직장에서도 인정받지 못한다. 반면에 자신이 원하는 일을 하는 사람은 참고 견딜 수 있는 힘이 있다.

취업보다 먼저
'내 일'을 찾아라

 데일 카네기는 직업 선택을 할 때 중요한 두 가지를 말했다.

첫째, 되도록 즐거운 일을 찾도록 노력하라는 것이다. 취업하기 전 이 이야기를 들으면 가슴에 잘 와 닿지 않을 것이다. 나 역시 그랬다. 내가 즐거운 순간은 게임을 하거나 영화를 볼 때이다. 내가 즐겁다고 생각하는 일들로 직업을 삼기에는 부족한 부분이 많다. 즐길 수 있는 일을 찾아서 돈, 성공, 비전 등 자신이 중요시하는 가치들을 채워줄 수 있어야 한다. 《아프니까 청춘이다》의 저자 김난도 교수의 《내:일》은 전 세계 청춘들의 잡 트렌드와 도전에 대한 내용이다. 눈길을 끌었던 사례를 하나 소개한다. 영국 런던에 브로드웨이 마켓이 있다. 우리나라의 오일장이나 벼룩시장을 생각하면 된다. 그곳에 '반미11 레스토랑'이 있는데 이 가게에

서는 베트남 샌드위치 '반미'가 최고의 인기상품이다. 그 가게의 CEO이자 셰프는 20대 후반의 베트남 여성 '반'이다. 그녀는 옥스퍼드 대학에서 경제학을 전공하고 2년간 금융업계에 종사했다. 하지만 경제학도로서 탄탄대로를 포기하고, 불확실한 자영업에 도전했다.

"옥스퍼드 출신이라 그런지 정말 훌륭한 기업들로부터 많은 제안이 들어왔습니다. 하지만 그냥 좋은 조건이 아닌 내가 진정으로 하고 싶은 일을 찾고 싶었어요. 회사는 너무 뻔히 보이고, 매뉴얼처럼 직선으로 된 인생을 걷고 싶지 않았어요."

그녀는 인스턴트 샌드위치와 냉동음식이 지배하는 런던에 홈메이드 샌드위치라는 웰빙 이미지로 승부수를 던져 성공했다. 타지 생활을 하면서 스스로 만들어 먹었던 그녀만의 소울 푸드였다. 자기에게는 새로울 것 없는 음식이 런던사람들에게는 '반미 샌드위치'라는 브랜드가 됐다.

내가 만약 반과 같은 입장이라면 잘나가는 금융전문가의 길을 포기할 수 있을까? 그녀는 자신이 원하는 즐거운 일을 찾은 것이다.

둘째, 일생을 바칠 직업을 선택하는 것이다. 몇 주일 혹은 몇 달이 걸리더라도 원하는 직업에 관한 모든 정보를 얻어내자. 그 분야에 최소 10년 이상 종사하고 있는 사람으로부터 직업에 대한 비전, 신입사원 생존율, 연봉 등 실질적인 정보를 얻는다. 현직자를 만나는 것은 정보를 얻는 의미도 있지만, 그 일을 하는 당신의 미래의 모습을 보는 것이다. 당신이 삼성전자에 입사를 하고 싶다면 지금 삼성전자에 입사 5년, 10년차 직원들의 모습이 당신의 미래라는 것이다. 현직자의 모습에서 비전을 찾지 못한다면 진지하게 고민을 해봐야 한다.

현직자를 통해 자신의 비전을 찾는 것만큼 중요한 것이 있다. 바로 신입사원들의 생존율을 체크하는 것이다. 예를 들어 어떤 직업의 신입사원 10명 중 1명이 살아남는다고 하자. 1년 내 90%가 그만두며 심한 경우 20명 중 1명이 간신히 살아남는다. 이 분야의 신입사원이 된다면 당신도 1년 내 그만두는 90%에 들어갈 확률이 높다는 것이다. 이런 직업들은 되도록 피해야 되며 신중하게 고민해봐야 한다. 이런 정보들은 경험자들에게 질문하면 쉽게 얻을 수 있다.

취업카페에 인사담당자가 선호하는 핵심 인재상이 소개된 적이 있다. 핵심 4요소는 채용포지션에 적합한가, 인성이 바른가, 조직문화에 잘 어울리는가, 장기간 근무할 수 있는가였다. 핵심 인재가 갖추어야 할 7가지 역량도 소개했다. 도전정신, 주인의식, 전문성, 창의성, 팀워크, 실행력, 글로벌이었다. "정작 인사담당자들은 다 갖췄나요?", "자기네는 그런 거 다 지키나?" 등 취업준비생들의 성토가 이어졌다. 인사담당자가 선호하는 인재상을 전부 갖춘 사람이 얼마나 될까? 인재상에 완벽히 어울리는 사람이라면 굳이 회사를 다니지 않아도 성공할 것이다.

5장 대한민국에서 '취준생'으로 산다는 것

기업에서 신입사원들에게 요구하는 수준은 우리가 생각하는 것보다 높을 때가 많다. 취업을 하더라도 마찬가지이다. 이런 점들 때문에 힘들어하고 자괴감에 빠질 수가 있다. 그렇기 때문에 성공적인 취업을 위한 준비단계가 중요한 것이다. 제대로 된 취업 준비를 위해서는 열정과 인내가 필요하다. 자신의 진정한 행복을 위해 열정과 인내를 써보는 것은 어떨까? 헬렌 S.정의《나는 왜 일하는가》에는 만족스러운 자기 일을 위한 여러 가지 고찰 및 결론이 나온다. '세상에서 가장 행복한 사람들'에 대해 설명하는 부분이 있다.

"전 신체적, 재정적, 감정적, 정신적으로 모든 면에서 더 나아졌습니다."

"한 순간도 후회한 적 없었습니다. 영광스런 경험이었어요."

"결국 좋은 결과가 있으리라 믿었습니다."

첫 번째 인물은 미국의 유명한 정치인 짐 라이트다. 부정을 저질러 사임했다. 두 번째 인물은 모리즈 빅햄이라는 사람으로 저지르지도 않는 범죄 때문에 교도소에 37년간 복역한 후, DNA 검사 결과 무죄를 받아 78세에 풀려난 사람이다. 세 번째 인물은 해리 S. 링어맨으로 맥도날드 햄버거의 가능성을 알아보고 체인점을 내려 한 사람이다. 레이 크록이 당대 미국 최고의 부자가 되는 것을 바라만 봐야 했다.

심리학자들은 이들이 자신의 권력과 젊음과 부를 잃어버렸음에도 행복감을 느낄 수 있는 것은 선택의 여지가 없기 때문이라고 한다. 돌이킬 수 없는 일들이 벌어진 것이다. 반대로 선택의 자유가 늘여진 경우에는 후회와 미련이 남는다. 직장생활을 할 때 '이곳이 내 적성이다', '내 길은 이것뿐이다'라고 생각하는 사람들이 행복감을 느끼는 이유이다. 직장선택에 대해 후회를 하는 사람들은 이와 관련되어 엄청난 에너지를 소모하며 불행을 느낀다.

취업준비생 시절에 내 적성을 찾지 못한 걸 후회할 때가 있었다. 첫 회사를 그만두고 재취업을 준비할 때였다. 내가 하고 싶은 일을 찾기 위해 퇴사를 했지만 시간이 지나면서 하고 싶은 일을 외면하게 되었다. 나도 모르게 다시 회사의 브랜드와 연봉을 중요시하는 내 모습이 보였다. 첫 회사에서 경험했던 번뇌와 고민은 잊혀졌다. 계속되는 탈락으로 화나고 우울하고 막막했다. '내가 하고 싶은 일을 해야지'라는 마음속의 외침이 들리지 않았.

직장에서 많은 상사들이 나의 젊은 나이를 부러워한다. 40대가 보기에 30대는 젊은 나이이다. 30대 후반이 보기에 30대 초반은 젊은 나이이다. 내가 보는 20대도 마찬가지다. 당신이 20대라면 10대를 보며 똑같은 생각을 할 것이다.

신입사원 나이도 점점 올라가고 있다. 내가 취업을 할 때만 해도 28~29세도 적지 않은 나이였다. 얼마 전 기사에서 봤던 기업 신입사원 나이의 마지노선은 32세였다. 대기업 취업만을 바라보며, 잉여스펙에 시간을 낭비하지 말자. 자신이 진정 원하는 일을 찾고 도전하는 것이 훨씬 가치 있는 일이다. 잉여스펙을 쌓으며 유행에 따라 취업목표를 정하는 것은 고급뷔페에서 한두 가지 음식만 먹는 것과 같다.

  취업보다 먼저 '내 일'을 찾아야 되는 현실적인 이유가 있다. 2017년 4월 30일 한겨레 신문의 인상 깊은 기사를 소개한다. 밤 11시에 "오늘 좀 일찍 들어가 보겠습니다."라는 자극적인 제목이었다. 서울디지털단지에 일하는 청년노동자 4,421명에게 '내가 바라는 직장 민주주의'라는 주제로 설문조사를 했다. 정시퇴근 28.6%, 야근근절 17.6%이 1,2위를 차지했다. 퇴근에 관한 사항이 46.2%다. 서울디지털단지만의 문제가 아니라 대한민국의 거의 모든 회사의 상황이다. 회사에서는 그 누구도 당신에게 '퇴근하지 마'라는 말을 하지 않는다. 다만 상사가 퇴근을 하지 않으면 부하직원들도 퇴근하지 않는다. 회사의 규정도 아니고, 노동법에 정한 것도 아니다. 암묵적인 규칙이다. 대한민국의 고유한 문화로 정착되어 버린 것이다. 회사에서 하루 평균 12시간 이상씩 일을 해야 하는 경우가 많다. 하물며 일이 재미가 없고, 적성에 맞지 않는다면 얼마나 괴롭겠는가? '내 일'을 찾는 노력은 더 나은 내일을 준비하는 지혜이다.

03
어설픈 취업컨설팅을 피하라

윌리엄 셰익스피어의 《맥베스》에서 훌륭한 전사였던 맥베스는 전장에서 승리 후 세 명의 마녀에게 왕이 될 것이라는 예언을 듣는다. 함께 있던 뱅코우는 예언이 아니라 함정이라며 경고하지만 맥베스는 이미 왕이 될 것이라는 희망에 빠졌다. 예언을 들은 맥베스의 부인도 이런 야욕에 빠지게 된다. 맥베스는 결국 승전을 축하하러 영지에 온 던컨 왕을 살해하고 만다. 이후 왕위를 지키는 데 방해가 될 만한 인물들을 마녀를 통해 알게 되고 전부 죽이고 만다. 충성심이 있고, 용맹한 장수였던 맥베스는 마녀의 예언과 부인의 부추김에 돌이킬 수 없는 선택을 하게 된다. 죄책감을 느낀 인간이 파멸해가는 과정이 주된 이야기다. 마녀의 잘못된 메시지는 희망이 아닌 비극의 씨앗이 됐다.

취업이 불안하기 때문에 많은 사람들이 취업컨설팅을 받는다.

취업컨설팅이 마녀의 메시지라는 의미는 아니다. 어설픈 취업컨설팅은 독이 될 수 있다는 것이다. 귀중한 시간을 내 컨설팅에 참여하는 이유에는 자신감이 없거나, 실력을 체크해보려는 의미가 있을 것이다. 나는 두 번째 이유로 학교에서 실시하는 취업컨설팅을 받은 적이 있다. 5~6명 정도가 모여 모의 면접을 봤다. 지원하는 분야도 교직원, 대기업, 금융권, 공기업 등 각각 달랐다. 40분 동안 2~3가지 형식적인 질문을 받고, 관심 없는 다른 지원자들의 분야도 들어야 했다. 시간낭비라는 생각이 들었다.

학교의 취업지원팀은 취업컨설팅 업체와 계약을 맺는다. 학교 입장에서는 일정한 비용으로 최대한 많은 사람들에게 혜택을 주려고 할 것이다. 그렇기 때문에 취업컨설팅 업체는 짧은 시간에 많은 학생들의 컨설팅을 진행할 수밖에 없다. 지원 분야와 상관없이 나만의 강점, 힘들었던 점, 핵심경험, 지원동기 등 공통적으로 나올 법한 질문을 다루게 된다. 취업캠프 전 참가자들에게 면접예상지를 받는 곳은 그나마 세부적으로 들어갈 수 있다. 하지만 면접예상지에 나오는 질문들도 공통적인 몇 가지만 다루는 경우가 많다. 취업컨설턴트의 경력도 체크해봐야 한다. 실제로 기업에서 면접을 본 경험이 있는지, 기업 인사팀에 근무한 적이 있는지 등이다. 공기업 및 대기업의 면접 경험도 없이 자기소개서 및 면접에 관해 컨설팅을 해주는 사람들이 많다.

2016년 스위스 다보스에서 열린 세계경제포럼 회의에서는 4차 산업으로 인해 인공지능이 사회경제, 기술 등의 트렌드를 완전히 바꿀 것이라고 예상했다. 인간의 수명은 늘어나지만 기업과 일자리의 수명은 줄어들고 있다. 국가에서는 정년퇴직 나이를 연장하지만 일반기업에서 정년을 채우는 것은 하늘의 별따기이다. 회사는 명예퇴직 명단을 주고 빠르게 정리한다. 대기업의 경우 50살 넘어서까지 버티는 것이 쉽지 않다는 것이다. 설령 정년을 채우더라도 120세 시대라는 오늘날 인생을 하루로 봤을 때 정오가 조금 지났을 뿐이다.

격변하는 기업 상황과 늘어나는 인간의 수명을 반영하지 못한 과거의 트렌드로 무장한 취업컨설팅을 피해야 한다. 대학교 시절 취업컨설팅 강의에 참석한 적이 있다. 강사로 오는 컨설턴트의 강의는 좋았지만 시간이 짧았다. 학교에서 허락한 시간이 있고 주제도 정해준 것 같았다. 나는 취업컨설팅과 취업캠프의 효과를 최대한 살리는 방법이 무엇인지 고민했다. 우선 강사의 연락처를 받고 용기를 내 조언을 구했다. 학교에 취업관련 강의가 있는 날, 30분 더 일찍 와 면담을 해주었다. 다른 사람들의 시선을 신경 쓰지 않아도 되고, 궁금한 것을 모두 물어볼 수 있었다. 취업컨설턴트의 최대 강점은 다양한 분야의 취업준비생들을 경험했고, 합격자들을 안다는 것이다. 자신이 원하는 분야에 이미 취업한 사람을 아는 경우도 있어 소개를 받을 수도 있다.

내가 생각하는 최고의 취업컨설팅은 멘토를 찾는 것이다. 자신이 가야 할 길이나 목표로 삼은 직업을 이미 이룬 사람이 있다. 당신보다 경험과 지식이 앞서 있을 수밖에 없다.

나는 재취업을 준비하며 망설임 없이 조언을 구했다. 첫 회사에서 먼저 퇴사한 동기들에게도 연락했다. 인생을 전반적으로 상담할 멘토를 찾기란 쉬운 일은 아니지만, 취업을 위한 멘토를 찾는 일은 그리 어렵지 않다. 공무원 시험을 처음 준비하는 데 막막하다면 지원직의 합격자를 찾아라. 대기업에 들어가고 싶다면 현직자를 찾아라. 쉬운 방법이지만 실천하는 사람은 많지 않다. 여유를 가지고 돌아보면 주변에서 충분히 찾을 수 있다.

세종시 정부청사에 근무하는 지인이 있다. 시험에 자꾸 떨어졌지만 자신의 문제점을 찾을 수 없었다. 학원을 다니면서 합격할 것처럼 보이는 사람에게 공부법을 물어봤다. 경쟁자에게도 찾아가 조언을 받았다. 상담을 하고 나서 자신의 부족한 점을 알 수 있었고 합격에 큰 도움이 됐다고 했다. 간절함으로 취업관련 멘토를 찾고 올바른 방향을 잡은 사례이다.

내 취업 멘토는 선배, 동기, 현직자 등 내가 가고 싶은 길에 이미 가 있는 모든 사람들이다. 시간이 아깝다? 차라리 토익점수를 더 올리겠다? 잉여스펙이라도 올려서 서류합격에 조금 도움이 됐다고 하자. 어설픈 서류합격 10군데보다 확실한 서류합격 1군데가 낫다. 어차피 취업은 1승만 하면 된다. 자신이 원하지 않고 정보도 없는 기업의 서류합격보다 정보도 가지고 있으며 가고 싶은 기업의 서류합격이 낫다는 것이다. 나는 가고자 하는 금융회사에 PT면접이 있다는 것을 사전에 알았다. 나만의 참신함이 무엇일까 고민하며 많은 곳에서 조언을 얻었다. 부동산이라는 키워드를 선택하고 '중국 부동산 투자'라는 주제로 발표했다. 면접 전 중국 부동산 투자에 관해 멘토와 전문가의 조언을 들으며 정보를 습득했기에 가능한 것이었다.

멘토나 롤 모델은 취업 후에도 절실히 필요하다. 회사 내에서 닮고 싶은 사람이 없다는 것은 우울한 일이다. 수많은 선배들은 자신의 5년, 10년 뒤의 모습이다. 자신이 열심히 노력해야 올라갈 수 있는 자리에 이미 있는 사람들을 닮고 싶지 않다? 관심이 없어 못 찾은 것이 아니라면 자신과 직장을 돌아볼 필요가 있다. 취업준비생 때 인생과 취업의 멘토를 찾고, 직장에서 롤 모델을 찾는 것이 좋다. 멘토가 꼭 한 명일 필요는 없다.

국내에 손꼽히는 경제경영전문가이자 베스트셀러 작가인 공병호 소장은 성공을 위해 남들이 할 수 없는 것을 하라고 조언한다. 어중간한 상품, 어중간한 인재, 어중간한 학교 등 특별하게 내세울 것이 없는 상태는 '위험'과 같다고 말한다. 학교에서 실시하는 누구나 받는 취업컨설팅을 가봐라. 얼마나 많은 사람들이 있는가? 다른 학교에서도 똑같은 프로그램으로 장소와 일정만 바꾸며 시행하고 있다. 컨설팅 업체가 다르더라도 모든 학생들이 비슷한 취업컨설팅을 받고 있다. 이제 그만 수동적인 자세를 버리자. 자신에게 진정 필요한 것이 무엇인지 능동적으로 다양한 시도를 해보자.

04
포기하면
오히려 행복해진다

 새해나 명절이면 어김없이 노량진 고시촌에 관한 방송이나 기사를 볼 수 있다. 수강생들은 새벽 4시부터 학원 앞에 줄을 서서 기다린다. 앞자리에 앉기 위해서다. 뒤쪽에 앉는 학생들을 위해 모니터를 제공한다. 한 공시생의 답변이 현실적이다. "모니터를 보며 수업을 들을 거면 인터넷강의를 듣지, 학원을 왜 다니나요." 치열한 삶이다. 옆에서 수업을 듣는 수강생들도 경쟁자이기 때문에 단독행동을 하는 경우가 많다. 자기 자신과의 싸움이다. 새벽부터 나와서 듣는 사람들은 그만큼 더 절박함이 있는 것이다.

노량진 공시생들은 한 달에 최소 100만 원을 투자한다. 저녁 있는 삶과 안정적인 정년을 위해 많은 것을 포기한다. 어느 공무원 합격자가 공개한 자신만의 원칙에는 공부만 하는 생활에 익숙해져 나태해지지 마라, 연/월/주간계획을 분량과 페이지 수까지 구체적으로 세워라, 앞자리에 앉는 절박함을 가져라 등이 있었다. 맨 앞자리에 앉는 것이 합격과 상관이 없다면 많은 사람들이 새벽부터 그렇게 줄 서지 않을 것이다. 새벽기상을 위해 전날 컨디션을 조절하며, 항상 긴장하며 잠든다. 갖고 싶은 것도, 하고 싶은 것도 많은 시기에 자신의 목표만을 위해서 많은 것을 포기한다. 결국 합격은 누가 더 많은 것을 포기했느냐의 차이다.

중국 진나라 말기는 영웅호걸들이 일어나 천하의 패권을 위해 치열한 경쟁을 하던 시대였다. 진나라 장군 장함은 승승장구로 교만해진 항량을 죽이고, 조왕을 크게 격파했다. 두려움을 느낀 초나라 왕은 송의와 항량의 조카 항우를 구원군으로 파견했다. 군 지휘관이었던 송의는 진나라 군대가 무서워 섣불리 전투에 나서지 못했다. 항우는 지금이 아니면 초나라를 구할 수 없다고 판단하고 송의를 죽여 군대를 장악했다. 그다음 진나라 군대와 싸우기 위해 장하를 건너 쥐루로 향했다. 항우는 강을 건넌 뒤 배를 박살내고 솥을 깨부수라는 명령을 내렸다. 심지어 막사까지 모두 태워버린 뒤 병사들에게 3일 치의 식량만을 제공했다. 배는 침몰하고, 식량도 없고 돌아갈 방법이 없던 병사들은 죽기 살기로 싸워 진나라 군대를 궤멸시켰다. 죽기를 각오하고 싸운다는 의미인 사자성어 '파부침주'의 유래이다.

내게도 이런 '파부침주'의 각오를 다질 때가 있었다. 처음 금융권 취업을 목표로 세웠을 때였다. 휴대폰은 매일 꺼놓고, 오로지 도서관에서만 생활했다. 이외에도 나름 많은 것을 포기하며 오로지 목표에만 집중했다. 이런 각오를 하며 목표를 세웠던 이유 중에는 유치하지만 좋은 배우자를 만나고 싶은 이유도 있었다. 이십대 초반에 내 생각은 이러했다. 내가 노력하지 않으면 별 노력 없이 누구나 들어갈 수 있는 직장에 들어갈 것이다. 그곳에 만나는 사람들은 대부분 나와 비슷한 노력을 해왔을 확률이 높다. 지금 많은 것을 포기하고 죽기 살기로 노력한다면 만날 수 있는 배우자도 그런 인내와 끈기가 있는 사람일 것이라고 생각했다.

스티븐 코비의 《성공하는 사람들의 7가지 습관》에서 말하는 성공을 위한 습관 중 하나는 '소중한 것을 먼저 하라'이다. 목표달성을 위해서는 시간관리가 중요하다. 시간관리의 핵심요소 2가지는 긴급성과 중요성이다. 긴급하면서 중요한 일은 누구나 먼저 할 것이다. 당장에 급하지는 않지만 중요한 일들이 있다. 체력관리, 진로에 관한 정보습득, 계획 및 비전 세우기 등이다. 앞의 중요한 일들은 긴급하지만 중요하지 않은 일 때문에 밀리는 경우가 많다. 중요성의 여부는 가치관에 따라 다르다. 포기할 수 있는 부분은 과감히 포기해야 한다.

나도 포기하지 못해 더 깊은 시련에 빠진 적이 있었다. 지원하는 은행에서 주최한 공모전에 우수상으로 입상한 적이 있었다. 취업 현장실습을 통해 은행 홍보팀에 근무하며 직원 추천으로 언론 인터뷰를 갖기도 했다. 캠퍼스 리쿠르팅을 2번 이상 참석하며,

채용기준을 확실히 습득했다. 모의면접, 은행분석 등 한 달 넘게 준비를 했다. 은행에 채용과정이 진행되며, 다른 회사에 지원하지 않을 만큼 자신 있었다. 반드시 합격해야 한다는 강한 절박감은 긴장을 가져왔고, 실수를 유발했다. 불합격 통보를 받고 아무것도 할 수 없었다. 은행을 생각한 적이 없던 친구의 최종합격을 보며 허탈감을 느꼈다. 내 자신감과 자존심은 한 번에 무너졌다. 맥주를 마시지 않으면 잠이 들 수 없었다. 우울증과 분노, 불면증에 시달렸다.

상실감에 빠져 무기력한 생활을 보내고 있을 때, 지도교수님으로부터 연락이 왔다. 졸업예정자들을 대상으로 티타임을 갖자는 메시지였다. 아무 생각 없이 모임에 나갔다. 4학년 모임인 만큼 취업이야기가 핵심 주제였다. 사람들은 서로 탈락의 아픔을 공유했다. 취업에 성공한 예비 직장인들은 묵묵히 들으며, 자신의 스토리를 조심스럽게 꺼냈다. 내가 가고 싶은 회사에 합격한 사람들도 있었다. 특별히 스펙이 좋은 것도 아니었다. 목표를 세우고 포기할 것들은 과감히 버려가며 자신만의 브랜드를 키워간 것이다. 취업 준비를 하며 겪는 좌절감과 상실감은 누구에게나 있다. 이를 이겨내는 것은 내 몫이라는 것을 깨달았다.

자신의 꿈을 향해 전체가 아닌 부분적인 포기를 할 수도 있다. 사범대를 졸업한 지인의 사례를 소개한다. 임용고시는 지역마다 경쟁률의 차이가 있다. 지인은 임용고시를 볼 때 연고는 없지만 상대적으로 경쟁률이 낮은 지역에 지원을 했다. 타 지역에서 교사로 근무하며 고향에 오기 위해 다시 임용고시를 준비했다.

지인은 4년 후 임용고시에 합격해 집과 가까운 지역에서 근무를 하게 됐다. 지인에게 대학교 동기들의 임용고시 합격여부를 물어봤다. 임용고시에 한 번도 합격하지 못한 사람들이 많다고 했다. 그중에는 자신이 사는 지역의 경쟁률이 높음에도 포기하지 않고 3년을 넘게 도전해 실패한 사람도 있다고 했다. 안타까운 것은 필기에 어렵게 합격하고, 면접에서 떨어지는 경우도 있다는 것이다. 나는 그 이야기를 들으며 '만약 그 사람들이 경쟁률이 상대적으로 낮은 지역에 지원했다면 합격할 수 있지 않았을까?'라는 생각이 들었다.

졸업 전 금융권에 근무하고 싶었지만 한 군데도 합격하지 못한 지인이 있다. 그는 스펙 쌓는 것을 포기하고 졸업 후 2년간 카드와 보험영업을 시작했다. 실전경험을 하며 자신의 역량을 쌓았다. 특별한 스펙은 없었지만 실전영업을 경험한 것은 회사에서도 인정을 받았다. 지금은 재계 10위 안의 대기업 본사에서 정규직으로 근무하고 있다.

포기하라는 것은 자신의 꿈을 버리라는 것이 아니다. 당장에 이루지 못할 것 같으면 부분적인 포기를 하며, 미래에 다시 도전하는 것이다. 작전상 후퇴라는 말도 있지 않은가. 스스로 배수진을 치고 최선을 다하자. 포기하는 만큼 얻을 것이다.

05
3군데의 대기업에서 근무하며 느낀 것들

졸업을 앞둔 2010년 하반기, 보험회사인 M사에 대졸공채로 합격했다. 첫 최종합격의 기쁨도 잠시, 고민에 빠졌다. 최종면접 결과를 기다리는 회사가 있었고, 학교추천까지 받아 합격할 확률이 높았기 때문이다. 첫 직장을 결정하는 것인 만큼 생각이 많았다. 지도교수님께 상담도 해보고, 현직에 있는 선배를 찾아 조언도 구했다. 교수님은 보험회사보다 최종합격 결과를 기다리는 회사를 추천했다. 선배도 동일한 생각이었다. M사를 반대한 이유는 실적압박과 저녁 없는 삶이었다. 진심 어린 조언에도 불구하고 나는 M사를 선택했다. 결정에 큰 영향을 끼친 점은 2가지였다. 1년 후에 지점장이 될 수 있다는 것과 신입사원 초봉이 4,200만 원이라는 것이었다.

M사에 지점장 후보로 입사해 1년 동안 교육을 받았는데 20명

의 지점장 후보 동기들이 있었다. 1년 후 전국 각 지역에 지점장으로 발령받았고, 마치 약속이라도 한 듯이 동기들이 한 명씩 그만두기 시작했다. 1년 만에 전체 인원의 50%인 10명이 퇴사를 했다. 20대 후반의 나이에 한 지점을 맡아 20~30명의 설계사를 관리하며, 실적에 책임을 지는 스트레스를 감당하기에 벅찼던 것이다.

보험회사 지점장이 하는 일은 크게 2가지다. 먼저 한 지점을 맡아 회사의 경영목표를 매월 달성하기 위해 지점의 설계사들을 관리하는 것이다. 설계사들의 나이는 40~50대가 대부분이며, 보험경력 또한 길다. 그런 사람들의 정서관리를 하며 동기부여를 해줄 수 있어야 한다. 지점장의 또 다른 중요한 업무는 보험영업을 할 사람들을 소개받고 설득해 매월 채용하는 것이다. 대부분의 사람들이 보험영업에 대한 부정적인 인식을 가지고 있는데 이를 변화시키기 위해 밥을 사고, 선물을 주며 설득해야 했다. 나는 이 과정에서 사람의 마음을 얻는 것이 가장 힘들다는 것을 절실하게 깨달을 수 있었다. 처음에는 여러 가지 시행착오를 거치며, 회사에서 롤 모델을 찾으려고 노력했다. 아쉽게도 찾을 수 없었고 내게 회사에 비전을 가져보라는 사람도 없었다.

2013년, 결혼한 지 6개월도 안 되었지만, 과감히 사표를 냈다. 다음해 3월 H카드회사에 경력직으로 이직했다. 보험회사와 같은 직무인 영업 관리였다. 카드회사는 보험회사와 비슷하면서도 무척이나 달랐다. 눈에 보이지 않는 무형의 상품을 판매하는 것은 비슷했지만 설계사들의 영업가치관, 분위기, 프로세스 등에는 많은 차이가 있었다. H사의 영업시스템은 카드업계 상위에 속했으나, 보험회사에 비하면 갖춰지지 않은 점이 많았다. 퇴근시간이 지켜진다는 문화는 참 좋았으나, 연봉과 직급은 마음에 들지 않았다. 보험회사의 연봉과 복지 등이 그리워지기 시작했다.

이직을 결심할 시기에 H보험회사와 연결이 되었고, 파격적인 연봉을 제안받았다. 보험회사에 대한 그리움도 있었던 터라 망설임 없이 이직을 결정했다. 그러나 입사 후 역사는 반복되었다. 헤어진 연인들이 다시 만나 헤어졌던 이유를 반복하듯이 첫 회사를 퇴사하게 된 여러 가지 이유들이 동일하게 반복되었다. 월화수목금금금으로 회사업무에 매달려야 했고, 상상을 초월하는 실적압박에 시달려야 했다. 당시 돌도 안 된 아들이 있었지만, 내가 육아를 도와주지 못해 와이프는 무척이나 힘들어했다. 평일에는 가족과 함께 시간을 보내지 못하고, 주말에는 회사 업무와 실적압박으로 마음이 편치 못해 예민해졌다. 가족을 위해 열심히 직장생활을 했지만, 정작 가족과 함께 하지 못하는 것에 회의감이 들었다.

회의 때 실적이 나오지 않는다는 이유로 멱살을 잡히며 욕설을 듣기도 했다. 나보다 한참 선배였던 지점장들도 비슷한 일을 당했다. 황당하기도 하고 어이가 없었다. 사표를 내고 싶은 마음이 굴뚝같았으나, 한 지점을 책임지는 지점장으로서 감정적으로 그만두고 싶지는 않았다. 그래서 금융권에 근무하며 훌륭한 역량을 가진 많은 선배들을 만났다. 삼성, KB, 롯데 등 대기업에서 10년,

15년 이상 갖은 역경과 시련을 이겨낸, 직장에서 찾을 수 있는 롤모델들이었다. 그러나 조언을 들을수록 오히려 힘이 빠졌다. 실적이 나오지 않으면 욕설을 듣고 인격모욕을 당하는 것은 마찬가지였다. 회사에 비전을 갖고 열심히 하라는 말을 해주는 사람이 없었다.

3군데의 대기업에서 근무하며 값진 교훈 2가지를 얻었다. 첫째, 돈이 전부가 아니라는 것이다. '어차피 회사의 노예로 살게 된다면 연봉이라도 많이 받자'라는 생각은 어리석은 생각이다. 연봉과 업무의 강도는 비례하나 연봉과 행복은 결코 비례하지 않는다. 기업은 복지단체가 아니다. 이익을 추구하는 영리집단이다. 급여를 많이 주는 곳은 그만큼 분명한 이유가 있다. 저녁 없는 삶, 생명수당, 실적압박 등 대가가 따른다. 세상에 공짜 점심은 없다. 취업 전에는 합격만 하면 모든 것을 감당할 수 있을 것이라고 생각하지만 이런 생각은 잠깐이다.

둘째, 직장보다 직무를 선택하는 것이 중요하다. 나는 회사의 브랜드를 보며 직장을 선택하는 경향이 있었다. H카드, H보험은 재계 10위 안의 대기업들이다. 모르는 사람이 없을 만큼 유명한 브랜드를 지닌 회사였지만 직무의 특성상 주말에도 회사생각을 지우기 힘들어 스트레스를 받았다. 업무를 따라가기 위해 남들보다 배가 되는 노력을 해야 했다. 앞서 소개한 본인의 적성을 찾는 것이 절실하게 중요한 이유가 여기에 있다. 매일 당신을 마주하는 것은 회사의 브랜드가 아니라 직무라는 것을 명심하자.

06
첫 직장이
10년을 결정한다

　　　　　　직장 생활을 할 때 행복감을 주는 예상치 못한 요소들이 있었다. 먼저 회사의 복지혜택이었다. 직원들에게 연간 일정한 비용 한도로 사용할 수 있는 복지카드가 주어졌다. 레스토랑, 백화점, 문화, 카페 등뿐만 아니라 자기계발을 위한 비용까지 지원해주는 경우가 많았다. 이직을 하며 알게 되었지만 회사마다 복지혜택이 동일한 건 아니었다. 주변사람들과 대화를 해보면 급여 이외에 특별한 복지가 없는 회사들도 많았다.

　전 세계에서 회사 복지가 가장 잘 갖춰져 있다고 평가받는 곳은 어디일까? 바로 미국회사인 구글이다. 구글에서 가장 눈길을 끌었던 복지는 80/20 법칙이었다. 80%는 업무에 집중하고 나머지 20%는 회사에 도움이 된다고 생각하는 어떤 프로젝트에도 참가할 수 있다는 것이다. 예를 들어 스위스나 스페인에서 시행하는 프로젝트가 있다면 해당 나라로 출장을 갈 수 있다. 해당 팀의 일원이 되어 함께 프로젝트를 수행하는 것이다. 이외에도 낮잠 캡슐, 3달 휴가, 직원 할인가, 세탁 서비스 등 부러운 혜택들이 많았다.

　사람들은 좋은 직장을 보며 신의 직장이라고 말한다. 신의 직장으로 뽑힌 이유는 조금씩 다르겠지만 한 가지 공통점이 있다. 직원들이 일한 만큼 충분한 보상을 받는다는 것이다. 직장에서 아침부터 저녁까지 일을 하는 이유는 돈이라는 보상을 받기 때문이다. 본인이 일한 만큼 충분한 보상을 받지 못한다는 생각이 든다면 일에서 회의감을 느낄 수밖에 없다.

　직장에 들어가면 누구나 한 번은 퇴사를 생각한다. 2017년 잡코리아에서 천 명이 넘는 직장인들을 대상으로 한 설문조사에서 약 95%가 첫 직장에서 이미 퇴사했다고 밝혔다. 회사생활을 해보니 직장에서는 크게 2가지 유형의 사람들이 있다. 회사에서 생존하는 사람과 사표를 내는 사람이다. 회사에서 생존하는 사람은 다시 2가지로 나눌 수 있다. 인정받는 사람과 단순히 버티는 사람이다.

　인정받는 사람들은 능력을 바탕으로 지혜로운 처신을 보인다. 능력 있는 사람이 처신을 못하는 경우는 드물다. 성과를 내는 사람들은 숨을 쉴 수 있다. 여유가 생긴다. 조그만 실수도 상사가 넘어가준다. 단순히 버티는 사람은 회사에 대한 비전을 가지지 못한다. 회사 입장에서 본인도 비전 없는 직원이 되어간다. 그들은 최선을 다하지 않는다. 주변사람들에게 보일 수밖에 없다. 버티는 삶으로 매일 살아간다. 회사에서 인정받고 아무런 문제가 없는데 퇴사하는 사람은 없다. 인간관계, 승진누락, 저녁 없는 삶 등 100% 이유가 있다.

  연봉을 많이 받으며 업무 스트레스 없고, 저녁 있는 삶을 기대할 수 있는 직장이 있다면 제발 내게 알려주길 바란다. 연봉과 직업 스트레스는 비례하는 경우가 많다. 생각해봐라. 대기업 신입사원 초봉이 4,000만 원이면 최소 3배 이상의 수익을 가져다 줘야 한다. 자기 발전 없이 데미지가 쌓여 버티지 못하고 사표를 내는 경우가 많다. 나는 처음 회사생활을 시작할 때 자신보다 한참 후배 밑에서 일하는 상사들의 심정을 이해하지 못했다. 결혼하고, 아이가 생기기 전까진 말이다. 대학교도 졸업하지 못한 자녀들이 있는 상황에서 가장은 마음처럼 퇴직할 수 없다. 대기업의 경우 자녀의 대학교 학자금까지 지원해준다. 자신이 참고 견디면 경제적으로 큰 부담을 덜 수 있다. 만년 과장들이 갖은 굴욕을 견디며 회사를 다니는 가장 큰 이유이다.

  내가 특별히 관심 있게 본 사람들은 사표를 낸 사람들이었다. 회사를 뛰쳐나가 어떤 삶을 사는지 궁금했다. 3년 이상 근무한 후 사표를 낸 사람들 가운데 동일한 업종이나 비슷한 업무를 하는 사람은 10명 중 9명이었다. 이들이 3년 이상 근무할 수 있었던 원동력은 경력을 제대로 인정받기 위해서이다. 자신의 사업을 하는 사람도 있었고, 다시 일자리를 찾아 비정규직으로 취업하는 사람들도 많았다. 이 사람들과 대화를 해보면 생계를 위해 중소기업 및 비정규직으로 재취업했지만 연봉 및 신분 때문에 자괴감을 느끼는 걸 알 수 있었다.

  입사 후 1~2년 내에 퇴사한 사람들은 어설픈 근무기간 때문에 경력직으로 들어갈 수가 없다. 그렇다고 다시 신입으로 들어가려면 배가 되는 노력을 해야 한다. 취업 트렌드는 빠르게 변하고 있고 자신이 취업했던 때와는 분명히 다르기 때문이다. 나도 회사를 그만두고, 다른 직종으로 재취업하려 했지만 쉽지 않았다. 운이 좋게 카드회사로 업종은 바꿨지만 보험회사 경력이 아니었으면 합격할 수 없었다. 내가 다시 보험회사로 돌아온 것은 유일하게 경력을 인정받을 수 있는 곳이기 때문이었다. 첫 직장에서 뭔가 이루지 못한 아쉬움도 컸다.

  첫 직장을 신중하게 선택하는 것만으로 취업준비가 끝난 것은 아니다. 진정한 취업준비는 합격 후의 미래를 생각하는 것이다. 누구나 겪는 사표의 유혹에 당신도 절대 자유로울 수 없다. 일을 배우는 과정에서 오는 슬럼프, 사내 인간관계 등 다양한 요소가 당신을 끊임없이 공격할 것이다. '그래도 나는 여기밖에 없다'라고 생각하면 참고 견딜 수 있다. 그런 마음이라면 최소 3년~10년은 그 분야에 있을 것이다. '여기 말고 다른 데에서 내가 더 잘할 수 있는 무언가가 있을 거야'라는 생각이 계속 든다면 회사생활은 더더욱 힘들어질 것이다. 나는 수많은 직장인들이 현실에 만족하지 못하고, 이상적인 것들을 추구하는 파랑새 증후군을 겪는 것을 봤다. 이곳이 아닌 다른 곳에서는 나만의 행복이 있을 것이라고 막연히 기대하는 것이다.

 이 글을 보는 모든 사람들이 첫 직장을 잘 선택했으면 좋겠다. 인생의 절반을 보내야 할 직장에서 매일 사직서 충동이 일어난다면 얼마나 괴롭겠는가. 대한민국의 공기업, 공무원, 대기업 등도 크게 다르지 않다. 100% 낙원인 곳은 없다. 첫 직장을 잘못 선택해 1년 이내 빠른 퇴사를 해도 새로운 길을 가기란 결코 쉽지 않다. 기업의 경우 신입 공채가 아닌 경력직일 경우 손님이다. 경력직에 대한 텃세가 심한 곳도 있다. 승진, 발령 등 대놓고 차별하는 경우도 많이 봤다. 기업 경영방침에 경력자들이 많은 경우 텃세가 적을 수 있다. 그래도 경력직은 손님이다. 첫 직장의 그림자를 벗어나기란 무척 힘들다. 그것이 첫 직장을 심사숙고하여 잘 선택해야 하는 이유이다.

07
10년 직장이 아닌 평생 직업을 찾아라

 당신은 노후를 보내기 위해 얼마만큼의 자금이 필요하다고 생각하는가? 2017년 12월 KB금융지주 경영연구소에서 노후 월평균 적정 생활비를 조사했는데 251만 원이 필요하다는 응답을 받았다. 계산하기 쉽게 250만원으로 잡아도 1년이면 3천만 원이다. 10년이면 3억, 30년이면 9억이다. 심지어 지금 기준으로 말이다. 은퇴할 때 10년 생활비인 3억을 가지고 있는 사람이 얼마나 될까?

암울한 노후에도 불구하고 회사에서는 절대로 정년까지 내버려두지 않는다. '정규직이라면 본인이 끝까지 버티면 되지 않나?'라고 생각할 수도 있지만 앞에서 설명했듯이 40~50대 가장들이 가정의 생계를 책임지고 있음에도 불구하고 버티지 못하는 이유가 있다. 회사에서 사직서를 받아내는 방법은 여러 가지다. 매월 타지로 발령을 내는 것, 적당히 돈을 주며 끝내는 것, 사직서를 받아야 될 직원들 대상으로 교육을 실시해 세뇌를 시키는 것 등이다.

회사를 다니면서 내가 체감한 정년 나이는 45세 전후이다. 회사에서는 꾸준히 명예퇴직 명단을 내려보내며, 많은 40~50대들이 신청하고 있다. 퇴직 대상자들과 대화를 해보면 회사에서 주는 퇴직에 대한 무언의 압박감은 분명 존재한다고 말한다. 대기업에서 수십 년간 일을 하고 퇴직하는 사람들이 공통적으로 하는 말이 있다.

"퇴직하고 무슨 일을 해야 할지 걱정이다."

진정으로 무서운 말이 아닌가? 회사에 청춘을 바치고 아무리 열심히 일했어도 노후가 보장되지 않는 것이다. 회사를 벗어나더라도 생계를 유지할 수 있는 능력을 가져야 하는 가장 큰 이유이다. 10년, 20년이 아닌 평생 할 수 있는 일을 찾아야 하는 것이다. 미래를 전망하며 자신만의 일을 찾아야 하는 이유는 또 있다. 2016년 세계경제포럼에서는 2025년 안에 3D 프린터로 제작된 간을 이식받을 수 있고, 자율주행 및 전기자동차를 도로에서 흔히 볼 수 있는 등 엄청난 속도로 기술이 발전할 것이라고 전망했다. 이런 로봇 인공지능 및 기술 발전으로 많은 일자리들이 사라질 수 있는 것이다. 실제로 경제기사를 쓰는 로봇기자, 환자에게 처방을 내리는 로봇의사가 우리나라에도 출현했다. 4차 산업시대에 사는 만큼 이런 변화의 트렌드에 더 민감해질 필요가 있다. 평생 동안 나만의 일을 찾되 미래를 예측하며 선택하고 준비하는 것이다.

　혹시 4차 산업은 미국이나 유럽의 일이며 나와는 상관이 없다고 생각하는가? 2017년 4월, 한국언론진흥재단에서 20~50대 남녀 1,041명을 대상으로 4차 산업에 관해 설문조사를 했다. 전체응답자의 76.5%가 자신의 일자리를 위협할 것으로 응답했고, 83.4%가 일자리를 감소시킬 것이란 질문에 동의했다. 위협받는 일자리 중 하나로 은행원이 뽑혔다. 외환위기 이후에도 '철밥통'이라는 인식이 강했던 직업이 은행원이었다. 하지만 지금은 많은 영업점들이 문을 닫고 있다. 한국은행 보고서에 따르면 국민 4명 중 1명은 스마트폰으로 모바일뱅크를 이용한다고 한다. 스마트폰으로 대부분의 은행업무가 가능하기 때문에 은행원들의 설 자리가 없어지는 것이다. 영국 일간지 《가디언》은 향후 20년 안에 전 세계 노동력의 30~50%를 로봇이 대체할 것이라고 예측하며 가장 대표적인 직업으로 은행원을 꼽았다.

　받아들이고 싶지 않지만 우리의 현실이다. 인간 수명이 늘어난다고 직장의 실제 퇴직연령이 늘어나는 것은 아니다. 4차 산업으로 인해 일자리도 변화하고 있어 신중하게 평생 할 수 있는 일을 찾아야 한다. 물론 직장에 다니면서도 자신만의 일을 찾을 수가 있다. 예를 들어 보험회사를 다니다가 퇴직을 하고 보험영업을 할 수 있다. 회사를 다니며 동기부여 및 상담 기법을 배워 퇴직 후 코칭강연을 다니는 사람들도 있다. 어차피 자신만의 일을 찾아야 된다면 처음부터 자신의 직업이 퇴직 후에도 할 수 있는 일로 이어지는 것이 좋지 않을까? 시간이 흐르고 경력이 올라갈수록 나만의 비결이 생기고 숙련되어지는 일을 찾는 것이다.

  자, 이제 정리를 해보자. 그동안 이 책에서 꾸준히 설명했던 내용은 자신이 진정 원하는 일을 찾아야 하는 근본적인 이유였다. 어떤 분야에서 일을 하든 당신을 100% 만족시키는 직업은 없다. 그렇기 때문에 취업준비생 시절에 자신이 원하는 일을 찾고 철저한 준비를 해야 한다. 어설픈 취업으로 다시 취업준비생이 되거나 매일 직장에서 고통받는 수많은 사람들의 사례를 공유해 지금 당장 확실한 목표를 정하고 플랜 B를 만들 필요가 있음을 깨닫고 자신단의 브랜드를 갖는 비결에 대해 알아보았다.

  취업준비생 시절의 열정과 에너지는 취업하는 순간 절반 이하로 떨어진다. 입사 1년 내로 퇴사를 하거나 버티더라도 의미와 비전 없는 하루하루를 견뎌낼 뿐이다. 자기계발 없는 직장인은 회사에서 버티는 것도 힘겹다. 간신히 버텨도 막상 퇴직할 때가 되면 앞으로 아무것도 할 수 없는 자신의 처지를 비관한다. 당신은 절대 그렇게 되지 않기를 소망한다. 이 글을 보는 모든 사람들이 매일 소풍을 가는 기분으로 출근했으면 좋겠다. 같은 공간에 있으면 즐거운 사람들과 함께 자신만의 능력을 키울 수 있는 그런 직업을 갖길 바란다.

탄탄한 취업력
취업준비생이 진짜 알아야 할 핵심을 담다

초판 1쇄 인쇄 2018년 3월 12일
초판 1쇄 발행 2018년 3월 19일

지 은 이 주현석
펴 낸 이 이효원
책임편집 음정미
디 자 인 손봄디자인

펴 낸 곳 탐나는책
등록번호 제 0215-000025호
등록일자 2015년 10월 12일
주   소 인천광역시 연수구 원인재로 180
전화번호 070-8279-731
팩   스 032-232-0834
이 메 일 tcbook@naver.com

ISBN 979-11-957457-7-7 13320

이 도서의 국립중앙도서관 출판예정도서목록(CIP)은
서지정보유통지원시스템 홈페이지(http://seoji.nl.go.kr)와
국가자료공동목록시스템(http://www.nl.go.kr/kolisnet)에서
이용하실 수 있습니다.(CIP제어번호: CIP2018006883)

이 책은 저작권법에 따라 보호받는 저작물이므로 무단전재와 무단 복제를 금지하며,
이 책의 전부 또는 일부를 이용하려면 반드시 저작권자와 도서출판 탐나는책의 동의를
받아야 합니다.

• 값은 뒤표지에 있습니다.
• 잘못된 책은 구입하신 서점에서 바꾸어 드립니다.